ワードマップ

学校臨床社会学

教育問題の解明と解決のために

今津孝次郎

新曜社

社会は、社会をつくりあげているすべての個人の十全な成長にそむかないようにすることによってのみ、いかなる場合でも、社会自体に対して誠実でありうるのである。

――J・デューイ『学校と社会』

省察的研究では、研究者と実践者は協働の様式に参加するようになる。……省察的研究は、実践者と研究者との相互のパートナーシップを必要とするのである。

――D・A・ショーン『省察的実践とは何か――プロフェッショナルの行為と思考』

はじめに

学校訪問の魅力

■学校を訪問する面白さ

私が１９７４（昭和49）年10月に大学教員になって最初に赴任したのは、教員養成を主な任務とする三重大学教育学部だった。命じられた担当授業科目は、専攻する教育社会学のほかに社会教育と同和教育である。学生時代には好んで社会学や文化人類学あるいは哲学などの文献ばかり読んでいた私にとって、これら異質な三教科を担当することは正直言ってかなりの負担だった。専攻する教育社会学は別にして、社会教育と同和教育については講義ノートの準備もなかったうえに、これら二つは地域を歩くことが不可欠であり、文献研究とは違ったフィールド研究のスタイルを急遽取り入れねばならなかったからである。

三重県は生まれて初めて住む土地だったので、赴任早々に自分の研究室の机の前に三重県全域の地図を貼って、早く地理に慣れるように努めた。この地図は勤務した10年間、そのまま貼り続けることになった。というのも、教員養成の仕事のなかで学校訪問が大きな位置を占めており、初めて訪問する学校の地理の見当をつけるのに便利だったからであり、社会教育と同和教育に関わって施設訪問や学校訪問も日常的になっていったからである。学生時代には考えもしなかった車の運転免許も取得して、南北に長い三重県の全域をくまなく走破することになった。そして地域のなかの学校を訪問する作業は、私にとって毎回が新たな経験になっていった。

ここで言う学校訪問とは公立・私立を問わず、主として小・中・高校へのごく短時間の一時的な訪問から、同一学校を一定期間に何度も繰り返して訪問する場合や、一校または数校を何年にもわたって恒常的に訪問調査する形態（その間、校長が何代にもわたって交代する場合もある）なども含む、広い意味である。教育実習指導をはじめ、校内研修会、公開研究発表会、授業参観、そして学校調査など、その時々の訪問目的が何であれ、学校内に足を踏み入れて児童生徒や教師、あるいは保護者や地域の人々と直接に接触する行動を指している。

私の最初の学校訪問は教育実習の訪問指導で、義務的なものにすぎなかった。校長に挨拶し、教育実習生の研究授業を見てコメントして帰ってくるだけの形式的なもので、できれば避けたい余分な任務だと最初は感じていた。もちろん、それは教員養成学部に勤務するスタッフとしては良くない態度である。ところが、それを年間に何度も繰り返して2年余り経つうちに、訪問学校の地域環境や学校内の雰囲気、校長や教師の様子、授業の模様、子どもの姿などが学校ごとにかなり異なっていることに気づき、それらの相違に関心が向き始めた。教育実習訪問だけでなく、校内研修を含む教師の現職教育の助言者やＰＴＡ研修会での講師などの役割で学校訪問を繰り返すうちに、学校ごとの特徴的差異への関心は徐々に高まっていった。実際に学校を歩けば歩くほど、学校と言っても実に多様な姿を見せており、一口に論じられるようなものではない、と率直に思うようになった。そして最初は逃げたかった学校訪問が徐々に魅力あるものに変わってきた。その頃の私はまだ30歳そこそこの駆け出し研究者だった。

■多様な地域社会の多様な学校

さて、学校訪問機会が増えるにしたがって、地域のなかの学校について新しい経験を得ることへの期待感が生じていった。その点では、公共交通機関を使える場合は自家用車でない方が、人々のさまざまな姿を身近に見ながら地域の暮らしを細かく観察できて好都合である。広々とした田畑のなかにある学校、小高い山奥の林に覆われた学校、前が大海原で潮の香りがする学校、離島の複式学級の学校、都会の繁華街のなかにある学校、閑静な住宅街の傍らにある学校、あるいは歴史のある土地にありＰＴＡもまとまった伝統ある学校と、新興団地に新たに建てられてＰＴＡのまとまりも不安定な学校、など。校舎・校庭の形や配置はそれほどの違いはなく、遠くから見て学校だとすぐに見当がつくのだが、学校を取り囲む地域環境の相違は大きい。そしてその相違は、通学する子どもたちの家庭背景の多様性に示されていることに、まもなく気づくことになった。

家庭背景とは家族構成、保護者の職業や収入、学歴、教育意識、しつけの方法などが異なることである。もちろん、どんな家庭背景であろうとも、クラスの子どもは同じように取り扱うという教師の言い分は正論である。とはいえ、そうだから家庭背景に目を向けないでおくのか、あるいは家庭背景を十分に知ったうえで子どもを同じように扱うのか、学校や教師によって姿勢に違いがある場合がある。それに、学校訪問する側にとってまず印象を受けるのは地域環境の相違であり、家庭背景の諸特徴である。すべての子どもが地域社会のさまざまな現実を背負って通学している点に注目するなら、学校は社会の縮図そのものでもある。学校を見ることは地域社会を知ることに通じると、私にとっての学校訪問の意味と意義が広がっていった。こうして、学校を廻りながら地域社会の多様な現実について、学校を窓口にして肌で感じることが大いなる魅力になっていったのである。

そうした私の基本認識を決定的にしたのは、三重県内で校区に同和地区をもつ学校への訪問であった。同和問題についてほとんど知識のなかった私は、同和校訪問を通じて同和教育だけでなく、学校と地域環境、さらには教職の意味、人権教育の重要性に関して実地に訓練を受けていったような気がする。教師と研究者はどのように協働関係を築くことができるのかという問題意識が生まれたのも同和校での校内研修への参加を通じてである。

１９８６（昭和61）年４月に名古屋大学に転任してからも、三重県にある同和校の校内研修への参加が毎月1回ほど約2年間続いた。こちらから特に学校にお願いしてのボランティア参加で、校内研修会での助言役を買って出た。もっぱら討議の論点の整理をはじめ問題点や課題の指摘、そして同和問題の専門的研究成果の紹介といったコメント程度のことであったが、この学校がきわめて特徴的な取り組みを展開していることを肌で感じるとともに、私にとっては校内研修が現職教育のなかでどれだけ重要な位置を占めているかという、教師教育一般にとってのテーマを得ることになった。

そこで、この校内研修についての事例研究を日本の現職教育の実態としてまとめ、1988年にタイのバンコクで開かれた「アジア太平洋『教師教育』会議」で報告した。[1]私の発表に対しては、日本の教員の職務熱心さに世界各国の参加者から多くの感想や質問が出た。「授業を公開し、意見を交換するとは驚きである」、「校内研修は労働時間に入っているのか」、「校内研修は何らかの資格を得る手段なのか」など。日本では当然のことが海外では新鮮であることを知って、教師教育の制度の違いだけでなく、学校や教員をめぐる各国の文化に大きな相違があることに気づいた。[2]個別の学校訪問で得た知見のなかに普遍的な課題が潜んでいて、そのまま国際会議の討議材料になることを体験した貴重な一瞬であった。そしてその一瞬の間に、日本の学校（制度）の全体像を統計などの資料を用いて検討することはもちろん必要であるが、同時に足で歩いて個別の学校の特色を体感しつつ論じることも重要ではないか、と痛感したのである。

[1] 今津孝次郎「教師の能力を高めるために——第一回アジア太平洋『教師教育』会議の討議から」『書斎の窓』有斐閣、1989年3月号。この国際会議は、1970年代半ばからユネスコ・アジア太平洋地域教育事務所（在バンコク）を中心とした教師教育改革に関する取り組みが積み重ねられた結果、チュラロンコン大学教育学部の主導のもとに開かれた。環太平洋に位置する20ヵ国から約300人の研究者や教員、教育行政官が集まり、4日間にわたって40本近い発表やグループ討議があり、教師教育に関する情報や研究を交換し合った。

[2] もちろん、20年以上経った今日では、たとえば校内研修の核でもある「授業研究」は「レッスンスタディ」(lesson study)として米国や香港などを中心に導入されるなど、日本独自の教育実践は世界的に広く知られつつある。

本書は、１９７０年代末からいつのまにか30年間以上にわたって私が学校訪問を繰り返すことになったフィールドワーク経験を踏まえて、具体的な諸問題を抱えた学校が日々どのように問題に対処しているのかについて実際に見聞きしたこと、そして各学校の問題対処に自分なりに少しでも参画してきたことについて、「学校臨床社会学」（clinical sociology of the school）という枠組みでまとめ上げたものである。

私は、学校臨床社会学を「学校の臨床社会学」と捉えている。「学校臨床の社会学」だとスクールカウンセリングの社会学のようにイメージされやすいが、そうではなくてもっと広く教育研究の一分野であり、臨床社会学ないし応用社会学の一研究分野でもあると位置づけている。学校臨床社会学は最近の臨床社会学や臨床教育学ないし学校臨床学に見られるように、社会学と教育学の分野での臨床的研究の高まりが合流して成り立ったものである。それだけに、学校臨床社会学はまだ新しい分野として映るかもしれないが、Ｉ部で述べるように、その源流は約１００年前のアメリカに遡ることができる。

それにしても、学校「臨床心理学」ならばスクールカウンセラーを思い浮かべるなどして身近に感じやすいが、学校「臨床社会学」ではイメージすら描きにくいと言われるかもしれない。両者はどう違うのか、なぜ学校臨床社会学が必要なのか、学校が抱えた問題の解決に学校臨床社会学はどう役立つのか、などについて具体的な研究事例もあげながら説明していきたい。

１９８０年代以降、日本の学校で校内暴力やいじめ、不登校、学級崩壊、学力低下といった諸問題が立て続けに生じてクローズアップされ、学校教育問題が広く「社会問題」[3]化してから、学校の量的（大規模アンケートなど）調査だけでなく、質的（フィールドワークなど）調査が盛んになっている。大学（院）生が学校訪問する機会も増えてきた。大学院生としての現職教師が改めて学校を調べる研究も数多くなっている。ただ、他方では学校調査が困難になっているという実情もある。なぜ困難になっているのかの背景を探りながら、困難性を克服する方途を見出すのも学校臨床社会学の任務の一端ではないかと私は考えている。

[3] 社会学の用語で原語は social problems。多くの人々があってはならぬこととして深刻に感じ、早急な解決を求める社会事象のことで、失業、貧困、公害、犯罪、差別などさまざまな問題があり、近年では学校教育に関わる諸事象も「社会問題」として頻繁にあげられるようになった。

■本書の構成

本書は5部から成る。Ⅰ・Ⅱ部では、学校臨床社会学の基礎となる視点や諸概念を扱う。学校をどのように捉えるか、そして学校を調査研究する場合にどのように接近するかという「対象」と「方法」についての基本的な考え方を取り上げる。「対象」となるのは学校一般ではなくて、特定の地域のなかの個別の学校である。「方法」としては「臨床社会学」を援用する。近年、わが国の人文・社会科学のさまざまな領域で関心が高まってきた「臨床」の基本的意味を問い直すとともに、20世紀初頭にシカゴ学派社会学のなかで誕生した「臨床社会学」の特徴について改めて振り返る。

Ⅲ・Ⅳ部では、学校臨床社会学の仕組みをさらに詳細に紹介する。「臨床」のレベルを区分しながら、アメリカと日本での学校臨床社会学研究の進展を追う。そして、臨床レベルの深い「インターベンション」（「介入」または「介入参画」）法に焦点を当てながら、調査研究手順を五段階に分けて説明する。

Ｖ部では、２０００年代の約10年間に私が東海地域で実際に実践的な調査研究に携わった学校臨床社会学に関する三つのモノグラフを【事例研究１～３】として取り上げる。学校臨床社会学で扱う具体的な諸問題としては、他に不登校や非行、ジェンダー、教師－生徒関係などもあげるべきであろうが、ここでは〔小学校での〕学力、〔中学校での〕いじめ、〔高校での〕ケータイという三つの個別問題に絞っている。Ｖ部のねらいは、すべての臨床的な具体的問題を網羅するのではなくて、Ⅰ～Ⅳ部で述べたことを実際の問題に即しながらさらに解説し、学校臨床社会学が各学校の問題解決に向けていかなる有効性を持ちうるかを検証することにある。[4]

いずれにしても「臨床」の視点は、若い大学（院）生だけでなく、現職教師、保護者の間にも関心が高いことから、学校臨床社会学は今後なお発展するにちがいない。本書はこの研究分野を少しでも体系的に整理しつつ、具体的な事例も交えて広く紹介しながら、できるだけ多くの人々を学校臨床社会学へと誘いたいという意図を込めている。この研究分野のさまざまな挑戦が次々と現れてほしいと願っている。[5]

［4］これまで刊行された臨床社会学や学校臨床（社会）学、そして臨床教育学の著作では、共同執筆によって多くの社会問題を網羅的に取り上げるスタイルがほとんどである。

［5］Ⅰ～Ｖ部の各扉の写真は、Ｖ部【研究事例１】の舞台である海碕小学校の日常スナップである。学校長の許可を得て、２０１１年11月に著者が撮影。

学校臨床社会学——目次

はじめに　学校訪問の魅力　i

Ⅰ　学校の多様性と組織文化　1

1　学校訪問　与えられる機会と依頼する機会　2
2　校長のタイプ　学校経営リーダーの素顔　6
3　校長の新たなタイプ　中国・上海の地域と学校を通して　9
【コラム①】シンボリック・マネジャーとしてのスクールリーダー　13
4　組織文化と学校組織文化　学校ごとの相違性とは　14
5　学校組織文化の三つの次元　見えやすい表層と見えにくい深層　17
6　学校の組織学習と校内研修　学校が組織として学ぶ　19
7　資料としての実践記録　学校組織文化を読み解く　24

Ⅱ　学校教育問題の臨床社会学　29

8　教育荒廃と教育改革　社会問題化した学校教育問題　30

9　校内暴力と学校組織学習　学校組織文化の改革へ　33
10　教育荒廃の背景　時代社会の構造変動　36
【コラム②】尾鷲中学校の校内暴力事件　39
11　臨床的研究ブームとその背景　社会問題の解決をめざして　40
12　臨床の視点と方法を問い直す　苦しむ人々との対話　43
13　臨床と社会問題　臨床的研究の対象と方法　47
14　シカゴ学派社会学と臨床社会学　実証性と実践性の混在　51
15　デューイとシカゴ大学「実験室学校」　学校臨床社会学の源流　54
16　応用と臨床の社会学　臨床社会学の再興　57
【コラム③】社会問題を抱える大都市シカゴとシカゴ学派　61

Ⅲ　学校臨床社会学の性格と研究目的　63

17　インターベンションと「介入参画」法　臨床的研究の実践的手法　64
18　学校臨床社会学の臨床レベル　問題の解明から問題解決へ　69
19　日本の学校臨床社会学と臨床レベル　未開拓の「介入参画」法　72

20 研究目的　学校のエンパワーメント　76
21 研究対象の捉え方　調査研究「倫理」の第一歩　79
22 学校と研究者との関係　臨床の場の形成　82
23 互恵性の関係　ギブ・アンド・テイクの態度　87
【コラム④】教師と教員という二つのアプローチ　91

Ⅳ　学校臨床社会学の方法　93

24 研究手順の五段階　「介入参画」の過程　94
25 教育言説の視点　ことばの自明性を問い直す　100
26 調査公害と調査実施困難性　諸原因と克服方法　104
27 学校をめぐる秘匿調査　信頼関係に向かう一技法　110
28 実践と研究の関係の諸形態　学校改善・改革課題をめぐる協働関係　112
29 シェルパ役の教師　学校フィールドへの案内役　116
【コラム⑤】スクールソーシャルワークと学校臨床社会学　118

V　学校臨床社会学の実際　121

【研究事例1】外国人小学生の学力保障に向けて　123

《A　課題設定》　123

《B　対象学校と「介入参画」》　134

《C　事後評価》　152

【コラム⑥】多文化共生　158

【研究事例2】中学校のいじめ防止　160

《A　課題設定》　160

《B　対象学校と「介入参画」》　171

《C　事後評価》　185

【資料V-1】白百合の誓い（反いじめ憲章）　193

【研究事例3】ケータイのリスクに対する高校生のエンパワーメント　195

《A　課題設定》　195

《B　対象学校と「介入参画」》　205

《C　事後評価》　216

【資料V-2】『高校生がつくるケータイハンドブック』（第1版　2009年3月）　226
【コラム⑦】三つのコミュニケーションとケータイ　229

あとがき　231
文献案内　(11)
事項索引　(2)
人名索引　(1)

装幀＝加藤光太郎

I　学校の多様性と組織文化

朝の登校

1　学校訪問

与えられる機会と依頼する機会

近年は学校安全をはかりながら「開かれた学校」をめざす取り組みが進んでいるので、さまざまな人々が学校に出入りして学校を知ってもらう機会をつくることに対して、ほとんどの学校（小・中・高校）が前向きの姿勢を示している。そのなかで、学校調査をおこなう者（研究者だけでなく大学〔院〕生、教師なども含む）が学校を訪問する機会としては、大きく分けて次の〔Ａ・Ｂ・Ｃ〕の三つがある。

〔Ａ〕学校が公的に設定した機会

学校の年間行事計画に盛り込まれているもので、全面的ないし部分的に外部に開かれているから、学校を参観するには格好の機会である。たとえば、①保護者参観日、②文化祭と体育祭、③ＰＴＡ研修会、④公開研究発表会、⑤教育実習、⑥大学人や企業人、地域住民などによる児童生徒への講話、などである。⑤は義務的な訪問になりやすいが、むしろフィールドとしての学校を訪問する機会の一つと捉え、それをスタートにして①〜④についても気軽に訪問すれば学校の活動を知るうえで便利である。

また、研究者が講師や助言者として招かれるのが③④⑥のほかに、⑦校内研修や⑧学校評議員会[1]がある。特に④⑦⑧はその学校を詳しく深く知るうえで重要であり、その学校や個々の教員との関係をつくり維持していくうえで見落とせない機会である。

〔B〕学校または教育委員会に依頼して許可される機会

　近年の「開かれた学校」方針からすれば依頼は容易に許されるはずだが、実際にはそうはいかない。学校にとっては〔A〕に積極的である分、逆に〔B〕は消極的にならざるをえない事情がある。つまり、週五日制で学校の日程がきわめて窮屈であること、しかも少人数クラスの拡大があったとしても、少子化の影響を受けて各学校の教員数が減少するなかで各教員の仕事負担が増えていること、また学校として対処しなければならない各種の教育課題が増加し、教員の多忙化が進んでいることなどによって、依頼を受け入れるには困難な状況が広がっているからである。したがって許可されるには、その依頼が学校側にとって役立つと判断され、そして学校側の負担が最小になるような内容と方法であることが求められる。依頼の許可は学校だけによる場合と、学校が事前に了承したうえで教育委員会が許可する場合、最初に教育委員会が許可したうえで学校の了解へと下りてくる場合などがある。

　一般に、学校への依頼には次のような内容がある。㋐学校全体の一時的見学、㋑特定のクラス授業見学、㋒校長をはじめ教員へのインタビュー、㋓児童生徒や教員あるいは保護者へのアンケート調査、㋔一定期間に及ぶ学校全体の参与観察、㋕校内研修

〔1〕１９９８年に中央教育審議会答申「今後の地方教育行政の在り方について」は学校を地域に開く必要性を提起し、学校の教育目標と具体的教育計画、実施状況の自己評価を保護者や地域住民に説明することを求めた。この答申に基づいて学校教育法施行規則に学校評議員の規定が盛り込まれた（２０００年1月公布）。ただし、その任務はきわめて限定的で「学校評議員は、校長の求めに応じ、学校運営に関し意見を述べることができる」となっている。とはいえ活用次第では、学校が独りよがりの運営に陥ることのないように地域に開く一歩とはなりうる。そのためには「校長」が「学校運営」の何について、どのように「求め」るかという点が重要であり、学校評議員自身の「意見」の見識も問われる。

　私は２０１１年度より居住する地域の県立高校の学校評議員

への参加、㋖学校支援の（大学生）ボランティア活動参加などである。

これらのうち、学校の多忙化のなかで、ボランティア参加に対する各学校の要望が高まっている。特に将来教師を目指そうとする大学（院）生に応援してほしいという目的で、交通費だけ支給する教育委員会独自のボランティア登録を受け付ける制度を設けている自治体も増えている。そして、児童生徒の保護者にも学校内でさまざまなサポートをしてもらう制度を導入している学校も多くなっている。こうした学校によるボランティアへの関心の高まりは、「開かれた学校」の具体的な実現でもあり、制度化されたボランティア参加はすでに〔A〕のような機会となりつつある。

なお〔B〕の場合、校長ないし教育委員会宛ての依頼状を要することがある。特に大学（院）生が指導教員の同行なしに学校訪問するときは、その書類が不可欠となる。訪問者名と訪問時期、訪問目的、訪問の具体的活動と方法、訪問で得た成果を生かす見通し、などについて指導教員名で依頼文書を作成するのが通例である。

〔C〕学校から研究者に援助が要請される機会

解決を迫られた何らかの問題を学校が抱え込み、自校だけで取り組むのではなく、また教育委員会や近隣の学校など学校教育関係者の援助で済ますのではなく、外部専門家としての研究者の協力を得たいと判断した場合に設定される。そうした意思決定は校長など管理職だけによる場合、一部の教員の意思を管理職が追認した場合、学校の職員会議全体の決定による場合がある。そのいずれの場合にしても、要請を受けた

であるが、「普通科のキャリア教育の充実」という重要なテーマを学校の運営基本方針に据えた校長から、保護者代表や卒業生で企業代表、近隣中学校長、同高校元校長などと共に「意見」を求められる立場にある。目前の高校生と教師の状況を把握しつつ課題達成に寄与しうる「意見」の見識が問われている。

研究者は学校と協議しながら課題設定と以後の調査研究の内容と方法を互いに調整することになる。与えられた問題の種類にもよるが、この調整のなかで〔B〕の㋐〜㋖のような具体的な方法が採用される。そして〔B〕では学校の都合が優先されるが、〔C〕では研究者の意図がかなりの程度生かされる。その展開の詳細についてはⅡ部とⅢ部で述べることにしよう。

さて、〔A〕より〔B〕、〔C〕に至るほど学校訪問はいっそう臨床的な性格を帯びることになる。とはいえ、学校調査を考える際には、まず〔A〕の機会が気軽に活用されるべきであろう。その機会だけでも調査事項の初歩的な部分はかなり明らかになるし、現代の学校がどのような状況であるかについて最低程度の理解を得ることができるからである。たとえば、どれだけ学校の日程が窮屈であるかを知るだけでも、アンケート一つ簡単に学校に依頼できないことに気づかされるはずである。

さて、学校訪問を通じて浮かび上がる学校ごとの具体的差異、そしてその差異に注目した学校の「組織文化」という考え方について検討するために、次に私が国内と海外での学校訪問経験から得た小さな発見を二つあげてみたい。

2　校長のタイプ

学校訪問を繰り返すうちに学校ごとの違いを意識するようになった最初のきっかけは、校長が異なる様子を示していることに気づいたことである。そのうち私は校長を三つのタイプに分けて自分勝手な名称をつけるようになった。そんな名称を列挙すると、日々学校経営に粉骨砕身勤めている校長の立場には留意せず、外部からたまにやって来ては勝手な論評ばかり並べ立てる研究者の悪い癖だと逆に批判されるのが落ちであるが、学校訪問で校長に会ったときに、どのタイプかを勝手に想像するのが密かな楽しみとなった。もちろん、それは客観的な調査に基づくものではなく、あくまで私の限られた経験による主観的な判断であって、感想程度の枠を出ないのだが。

【上がり型】教員の最高職階に到達し、これで教職が完成ということで無難に過ごし、新たな挑戦は避けようとするタイプ。話は当たり障りのない雑談に終始する。

【官僚型】話の内容は法規や教育委員会の会議や通達、学校の校則を重視する論調になる。子どもたちの話はあまり出てこない。

【実践型】子どもや保護者について具体的に熱っぽく語る。学校の教育実践について率直に話し、自ら気軽に校内を歩き回って案内してくれる。時には学校の条件整備で不十分な対応しかしない教育委員会に苦言を呈することもある。

学校訪問で校長に会ってしばらく話したときの判断で、校長はこの三タイプのいずれかに当てはまるように感じられた。そして、対話が本当に刺激的でその学校の特徴が具体的に浮かび上がってくるのは実践型タイプの校長である。正式に全国調査をすれば、実践型はどれくらいの割合を占めるだろうか。上がり型と官僚型に比べてそれほど多くないかもしれない。しかしその一方では、アンケート形式で全国の校長に答えてもらったら、質問文の書き方にもよるが、もしかすると実践型がほとんどになってしまうかもしれないとも考える。面会した際の校長の咄嗟の反応と、時間が与えられて調査票に向き合ったときの反応では違ってくるだろうからである。

もっとも、学校訪問の回数が増えてさまざまな見聞を吸収していくと、少しでも客観的に捉え直すようにもなっていった。つまり、これらは校長個人の実体的な区分ではなくて、実際には三つの側面のいずれをも保持するのが現実の校長であり、そのうちどの側面が強く表に現れるかが現実なのであろう。官僚型にある規則重視の側面は上がり型と実践型にも伴うであろうし、最初は実践型でも、いくつかの学校の校長を歴任しているうちに、上がり型に近づくかもしれない。それに、現実の学校組織では、教頭（今日では副校長も含めて）を中心に教務主任、校務主任、学年主任が校長を援助する役割を果たしている。上がり型や官僚型の校長の下で、教頭や教務主任などが思う存分実践型を果たしていることだってある。上がり型のように見えるが、実は教頭や教務主任などに任せて最後は自分が責任をとるという姿勢で見守っているだけなのかもしれない。校長があまりに実践型の側面を発揮しすぎると、教頭や教務主任その他の一般教員が校長から学ぶというよりも、逆にプレッシャーとなって力を発揮できないことだってあるかもしれない。

つまり、単に校長の個人的性格だけからその学校の特徴を判断することはできず、校長を含めた学校組織全体の特徴を眺めていく必要がある。そうすると、学校種別の相違も考える必要があるだろう。学校内の日常場面で校長と児童生徒との距離に着目してみると、児童と接触する機会の多い小学校ではいきおい実践型の側面が強くなるだろうし、思春期（青年前期）に揺れる生徒を抱える中学校では、その中学校の状況や校長個人の経営方針によって、官僚型と実践型のいずれかが強くなるかもしれず、学校規模が大きく校長が個々の生徒とそれほど密着しない高校では官僚型の側面が強くなるかもしれない。

学校訪問が面白くなり始めた時期に印象深かった校長の三つのタイプについて、その後30年近く経ってから、退職したばかりの校長の何人かと話した折に思い切って話題にしてみたところ、素朴すぎるタイプ分けにもかかわらず、「確かに三つのタイプがありますね」と賛同が得られたから、私の小さな発見もそれほど実態からは外れていないようである。

3 校長の新たなタイプ

中国・上海の地域と学校を通して

さて最近になって、その三つのタイプに当てはまらない新しいタイプの校長に上海市郊外の小学校で思いがけず出会った。海外の学校訪問でも、事前に学校ごとの具体的な調査目的を持ち合わせていなくても、とにかく学校現場を見学するだけで得られる意外な発見があって、学ぶことの多い楽しい経験をする。学部3年生配当の教育研究実習科目「海外教育調査研究」の引率で、2008年9月に上海へ行った折の学校訪問フィールドノーツから短く抜き出してみたい[1]。

上海は北京以上に発展の速度が速い中国第一の経済都市である。市の中心部から車で高速道を1時間以上走った郊外の地に、施設設備が整い有能な教師を集めてモデル校になっている小学校がある。マスコミがよく取材に来るとのことで、外部に開放して見学客を歓迎することがこの小学校の学校経営を活動的にさせる戦略の一端ともなっている。

真っ先に私の目を引いたのは校舎の窓の外に広がる相異なる風景であった。北側の窓からは昔ながらの農村風景のなかに古びた家屋が見え、南側の窓からは新しい巨大

[1] 上海での小・中等学校などの訪問計画・実施のすべては、私たち一行の受け入れ代表者であった復旦大学高等教育研究所の丁妍講師によるもので、同氏が日頃からつながりのある上海の各学校に依頼して許可されたものである。訪問時間は各学校ともわずか2~3時間と限られており、私たちは各学校を訪問する幸運な機会を得た海外からの見学者にすぎなかったが、短時間でも異文化のもとでは思いがけない発見が得られる。

な新興団地がそびえたつ光景が見える（写真Ⅰ–1、Ⅰ–2）。この対照的な地域社会のなかに小学校が位置することに、この学校の基本課題が示されていると咄嗟に感じた。激しく都市化する農村の変化のなかで、学校はいかにして子どもと保護者の統合をもたらすことができるかという問題である。教育社会学の通説によれば、都市化途上地域では農村の古い生活様式と都市の新しい生活様式が衝突しやすい。たとえば、金銭的貧しさと豊かさ、節約と消費、労働と勉強、職業技術重視と進学重視など。そして、両者が衝突して調和できないときは共通の道徳が成立しにくく非行が発生しやすい。地域社会の激変に直面したこの学校は常に緊張を強いられていると言ってよい。

　常に細かな心配りをしながら私たちを案内してくれた30代後半の若い女性校長は、終始にこやかに詳しく説明してくれた。別に海外からの訪問者だからということではなく、中国国内からであっても訪問者には同じように応対するだろうと思わせる素振りからは、教職出身であるにもかかわらず、学校長というよりは企業の広報室長ないし秘書室長といった趣きさえ感じられた。日本でも女性の小学校長は珍しくないが、女性校長の年齢は男性の教頭より上であることが普通である。この小学校では女性校長が40代半ばの男性教頭よりも若いという関係で、これが急速に発展する現代中国の人材登用の実態であり、伝統的な年齢秩序にこだわらないという革新的なポリシーを垣間見ることができる。

写真Ⅰ–1　上海郊外の農村風景

写真Ⅰ–2　新興団地風景

（共に2008年9月著者撮影）

校内を見せてもらいながら校長が特に力説した二つの箇所がさらに印象的であった。一つは正面フロアに掲げられた大きな龍の飾り物である（写真Ⅰ−3）。これは児童がアルミ缶の蓋を張り合わせて集団で作成したもので、龍の彫刻や小さな飾りは学校内のあちこちに見ることができる。「龍は団結のシンボルであり、龍の文化を学校の特色としたい」と校長は胸を張った。もう一つは正門にセットされたオブジェで、九冊の本がデザインされている（写真Ⅰ−4）。九は中国では幸いを呼ぶ数である。部下の男性教員が「これは校長が本校に来られてから造られたのですよ」と満面の笑みで語りかけた。勉学の象徴なのであろう。龍は学校内の連帯を、九冊の本は為すべき目標を示すシンボルと言えようか。

この若き女性校長が果たしている役割は明らかに経営者であり、とりわけ「シンボリック・マネジャー」に相当すると考えられる。「シンボリック・マネジャー」とは経営学上の用語で、どの企業が成功し失敗するかの分かれ目に「組織文化」があるのではないかという議論のなかから生まれた。設備投資や商品開発といった企業の「外面」に力を入れる「合理的経営者」ではなく、思考や言行、学習、伝達といった、人の行動様式全体としての「文化」という企業の「内面」を重視する「象徴的管理者」の意味である。龍の飾りや書物のオブジェは学校経営の哲学的象徴になるだろう。急激な都市化に見舞われる上海

写真Ⅰ−3（右）　玄関フロアの龍の飾り
写真Ⅰ−4（上）　正門に設置された本のオブジェ
（共に2008年9月著者撮影）

郊外の困難な地域環境のなかで、この女性校長は意識的であれ無意識的であれ、伝統的な校長役割にとどまらない象徴的管理者としての役割を重視しているのではないか、と感じられたのである。

そこで、日本の校長はこうしたシンボリックな役割を果たしているだろうか、と問い直してみる。三つの校長タイプを密かに設定してきた私には、少なくとも出会った多くの経験のなかで、校長が校内の随所に校訓や校則などを標語のように貼り出したケースの記憶はあるが、上海の女性校長のように学校教育方針をシンボルとして明確に示すような例は思い当たらない。

たしかに、日本ではいわゆる「民間人校長」が導入されたが、成功例とともに失敗例もあって、現在その数は増えていない。民間人校長は経営者役割が期待されているのであろうが、営利追求である民間企業の経営論理がそのまま学校に適用できるわけはない。それに日本では、地域のなかの学校で校長が果たす「経営者役割」とは何かという問い自体がまだそれほど教育界に根付いてはいない。にもかかわらず民間人校長の登用という付け焼き刃的な施策だけが先にまかり通ったのである。

もちろん、以上論じたことは短時間の小学校訪問で見聞きしたことを手掛かりにほんの少し考察したにすぎない。学術的な本格的検討を進めるには、この議論を仮説として、なお上海に止まってこの小学校に関してさまざまな事項について詳細なフィールドワークを展開していく必要があることは言うまでもない。

【コラム①】シンボリック・マネジャーとしてのスクールリーダー

「シンボリック・マネジャー」の用語を提起した教育社会学者であるディール（デール）と経営コンサルタントのケネディは次のように述べた。

「優れたシンボリック・マネジャーは勇敢である。自分の信念に基づいて行動する勇気がある。そして、周囲の人々を信頼する勇気がある。[1]」

「信念に基づいて行動する勇気」とは、その学校の外面よりも内面としての組織成員の思考や言動を重視し、学校経営の形式的伝統に立ち向かうという意味になるだろう。「周囲の人々を信頼する勇気」とは、学校組織の形式的秩序よりも学校組織成員への強い関心と仲間意識の重視を意味している。ディールはさらに、スクールリーダーたちが演じるシンボリックな役割の側面についてこう述べている。

「スクールリーダーの行動は意味、価値、そして核心を伝達する。……たとえば、校長の朝の『校舎巡回』は、問題の起こりそうな箇所や校舎の営繕上の問題を調べるための職務上の巡回にすぎないのかもしれない。しかし、いくつかの学校では、教師と生徒は同じ巡回を、校長が学習環境に関心をもっていることを示す習慣、つまりシンボリックな出来事とみなしているのである。……一見何気ないスクールリーダーの行動が、スクールリーダーが何を価値づけているかの信号を送っている。[2]」

この一文を読むだけでも、シンボルに着目することによって校長の役割についてだけでなく、学校組織がどのように生き生きと活動していくかについて、日本での議論がこれまで見落としがちであった深い側面に気づかせてくれる。

[1] Deal, T. E. & Kennedy, A. A. (1982) *Corporate Cultures*, Addison-Wesley Publishing.（城山三郎訳（1987）『シンボリック・マネジャー』新潮文庫、238頁）。

[2] Deal, T. E. & Peterson, K. D. (1999) *Shaping School Culture: The Heart of Leadership*, Jossey-Bass.（中留武昭・加治佐哲也・八尾坂修共訳（2002）『学校文化を創るスクールリーダー――学校改善をめざして』風間書房、103-104頁）。

4 組織文化と学校組織文化

学校ごとの相違性とは

学校ごとに特徴が違うという現実は、各学校の「組織文化」の相違性として捉えることができる。「組織文化」（organizational culture）とは、経営学や組織社会学、組織心理学の領域で１９８０年代に入ってから大きく取り上げられるようになった概念で、それまでは一般に「組織風土」とも呼ばれてきた。「組織文化」の意味を一口で言えば、組織の成員に共有された生活・行動・思考の様式で、その組織の外部適応と内部統合に対処する仕方を特徴づけるものである[1]。たとえば、ある企業が次々と新しい脱皮を遂げ、別の企業は古い体質に凝り固まるのはどうしてか、という問いの核心にあるのが各企業の組織文化の違いである。そして、この概念は、ただ組織を客観的に分析するだけでなく、組織の計画的変革を通じての「組織開発」（organizational development: OD）を推進するための戦略という実践的な性格を帯びている。こうして、組織文化は生身の人間や組織と触れる臨床の立場と結びついてくる。

組織である学校に組織文化の考え方を適用したのが「学校組織文化」（school organizational culture）である。それを定義すると次のようになる。

［1］Schein, E. H.（1985）*Organizational Culture and Leadership*, Jossey-Bass.（清水紀彦・浜田幸雄共訳（１９８９）『組織文化とリーダーシップ』ダイヤモンド社）、など。

「当該学校の教師に共有された行動・思考の様式で、その学校での日常の教育活動に方向性を与え、問題解決や意思決定の判断枠組みを提供するとともに、教師集団の凝集性や一体感の醸成にはたらきかけるものである。そして、この学校組織文化は形成され、伝達され学習されるとともに、変革され新しく創造されていく。[2]」

しばしば実践的に叫ばれる「学校づくり」というのは、実は学校組織文化の創造のことであり、「○○学校らしい実践」とか「○○はいい学校」といった特定の学校の特徴に沿った言い方も学校組織文化を念頭に置いた表現にほかならない。[3] ネットワーク組織論を専門とする金子郁容は、地域に支えられる学校づくりという観点から、日本全国の過疎地から都会まで公立小・中・高校のさまざまなタイプの「いい学校」を取材して紹介している。その結果として金子が主張することは、各学校の組織文化の有り様と重なっている。

「日本の学校や地域は多様な存在だ……私の結論は、日本中どこの学校もその気になれば、それぞれの地域性や伝統や文化や住民の考え方によって、それぞれ『一番いい』学校になりえるということだ。……地域がそれぞれの良さをもっているように、それぞれの地域の学校も本来のよさを生かし、他の『いい学校』の取り組みをうまく取り入れて、自分の学校らしいよさを発揮させることで『一番いい学校』になれるはずだ。[4]」

こうした学校組織文化も一般的に「学校文化」と呼ばれることがある。しかし「学

[2] 今津孝次郎（１９９６）『変動社会の教師教育』名古屋大学出版会、１５３頁。

[3] 「学校改善」とか「学校らしい学校に生まれ変わる」という場合も、マクロな学校制度改革に由来する側面もあるとはいえ、ミクロな学校組織文化の変革の側面を指している。

[4] 金子郁容（２００８）『日本で「一番いい」学校――地域連携のイノベーション』岩波書店、２２２頁。

校文化」（school culture）とは社会全体のなかで、学校という組織がもつ思考・価値・活動様式の特徴のことであり、会社組織と学校組織が比較されるようなマクロな次元の概念で、ミクロな学校組織文化とは違う。にもかかわらず、学校組織文化という用語はあまり使われず、学校文化という用語ばかりが流通してきた。それにはいくつかの理由が考えられる。

第一に日本の学校は歴史的にも中央集権的な性格をもち、教育内容や方法の画一性が強く、それが学校教育の一定の質を保証してきたのだが、各学校がもつ多様性という側面を見落としがちであった。第二に各学校の実践記録を別にすれば、一般的な学校研究では学校制度全体の検討が主流であり、個々の学校を調べる流れは近年の学校エスノグラフィーなどの質的研究でようやく見られるようになったにすぎず、学校組織文化という発想への馴染みが薄かった。第三に経営学や組織社会学などから生まれた組織文化という発想自体が組織改革を目的としているように、学校組織文化の研究が負っている学校改善・改革というテーマは、もっぱら学校現場の教師たちが実際に追究するもので、そうした実践的テーマに研究者が直接関わることは少なかった。

私が学校訪問の面白さを感じて学校組織文化への関心を高めていくなかで芽生えていったのは、各学校のミクロな文化から学校制度全体のマクロな文化を逆照射できないか、という問題意識である。では学校組織文化そのものにどう踏み込んでいけばよいかについて次に考えよう。

5　学校組織文化の三つの次元

見えやすい表層と見えにくい深層

シャインによれば、組織文化を解明するための概念やモデル、データ収集は、単に客観的な研究のためのエスノグラフィー的な視点からではなくて、不安や挫折あるいは危機に直面した組織がそれらを克服することを援助するための実践的で臨床的な視点（clinical perspective）に基づいている。そして、組織文化は明示的な側面から黙示的な側面まで三つの次元に分けられる。[1] この区分を学校に適用すると、学校組織文化も観察しやすい表層から観察しにくい深層へと三つの次元を区分することができる。[2]

〔A〕「形態」

たとえば制服ないし私服、あるいは上海の小学校の事例で言えば龍の飾り物などのように、観察しやすい表層部を成す。この具体的な形態は学校組織文化のいわば窓口であり、そこに込められた深い意味を次の〔B〕や〔C〕の次元に探る必要がある。

[1] Schein, E. H. (1985) *Organizational Culture and Leadership.* Jossey-Bass.（清水紀彦・浜田幸雄共訳（１９８９）『組織文化とリーダーシップ』ダイヤモンド社、第3章）。なお「エスノグラフィー」(ethnography) は「民族誌」と訳されるが、フィールドワークによって観察対象の全体を細部に至るまで記録する方法、ないし記録したものを言う。

[2] 今津孝次郎（１９９６）『変動社会の教師教育』名古屋大学出版会、第4章。

〔B〕「価値・行動様式」

やや観察しにくく、学校成員の行動様式の基準を指す。同じ学校段階・学校種であっても、実際の指導方針や指導内容、指導方法はすべての学校で同一ではない。たとえば学校組織を統一しようとする価値や生徒の多様な自発性を許容しようとする価値、あるいは連帯性の価値それぞれの強さなどは学校によって異なる。

〔C〕「黙示的前提」

その学校で教師たちが自明であると疑わない観念であり、〔価値・行動様式〕を主導し〔形態〕となって具体化されるのも、この観察しにくい次元である。たとえば小学校は私服で中学校は制服が当然という暗黙の前提、あるいは教師の授業公開は当然という考え方とそうではないという考え方など。

以上のような〔形態〕～〔黙示的前提〕によって構成される学校組織文化は、その学校組織のなかで伝達され学習されるとともに、学校内外の諸変化に対応して変革されていく。もし学校に何らかの支障が生じたならば（特に支障が大きい場合が学校組織の「危機」となる）、〔形態〕～〔黙示的前提〕を見直して秩序を立て直すために「組織学習」が要請される。[3] そして、学校臨床社会学の目標の一つは〔黙示的前提〕の深い次元まで学校組織文化を解明して、その刷新に向かう実践的取り組みに寄与することである。

［3］次項に説明するように、「組織学習」は教師各自の個人学習ではなくて教員集団による協働の学習であり、具体的には職員会議や校内研修のなかで展開される。

6　学校の組織学習と校内研修

組織文化にはその改革が重要な課題として伴っている。それが「組織学習」(organizational learning)で、組織文化と表裏一体となる概念である。この組織学習の概念について、組織社会学の立場からアージリスとショーンは次のように定義した。

「組織外環境や組織内環境の変化に合わせて、組織成員が組織の価値基準を確認したり、修正したりすることであり、その探求結果を、組織の見取り図のなかに植え込んでいくこと」[1]。

もちろん、組織文化の変革過程の探究は組織文化の三つの次元すべてに関わることになる。また経営学の立場から、寺本義也らは率直に次のように述べている。

「従来、学習するのは個人であり、組織はその環境を形成するというように考えられてきた。しかし組織そのものも学習する。……組織は環境との間の対他的な関係と組織内部の対自的な関係の両方にわたって学習することになる。……つまり、組織と環境とは、学習を通じて相互に『創り、創られる』関係にあるといえる。[2]」

つまり、組織学習の一般的な性質として以下の三つのことが指摘できる。

[1] Argyris, C. & Schön, D. A. (1978) *Orgnizational Learning: A Theory of Action Perspective*, Addison Wesley, p. 29.

[2] 寺本義也・中西晶・土谷茂久・竹田昌弘・秋澤光(1993)『学習する組織——近未来型組織戦略』同文館、8頁。

①組織学習は個人学習の単なる総和ではない。個人学習では一面的でパターン化してしまいがちな限界を組織学習はチームやグループによって乗り越えていくことができる。

②個人学習は個人の内部で生じ、学習された内容は個人の内部に留まるが、組織学習では学習内容は組織のものとして蓄積され、リーダーや他のメンバーが入れ替わっても、組織文化のかたちで伝達されていく。「○○会社の社風」とか、「△△学校らしさ」などと言われる組織文化は組織学習のもとで伝達され、修正が加えられたりする内容である。

③組織学習の対象が組織文化の表層的で明示的な側面だけの場合と、深層的で黙示的な側面にまで至る場合とがある。そして変化に見舞われる組織を各次元で「理解」する学習と何らかの改革に向けて「行動」に着手する学習とがある。もっとも困難で、しかし大きな組織改革へと結びつくのは、黙示的次元の「理解」を踏まえて組織文化の変化を生じさせる「行動」の学習になる。

それでは次に、学校での組織学習について考えてみよう。学校組織学習は一般的には職員会議や校内研修のなかで展開されていく。校内研修は日本の学校の特徴的な伝統である。校内研修では外部講師の講話を聞いたり、校内の何らかの問題や課題について教員同士で討議したり、校内授業公開による授業研究会をもつなど、さまざまな形態で各学校独自におこなわれている。[3]

[3]「研修」は「教育公務員特例法」の第四章「研修」に法的根拠がある。「第21条　教育公務員はその職責を遂行するために、絶えず研究と修養に努めなければならない。」また同時に任命権者は教員に研修機会を与えるべきとも規定されており、教員にとって研修は権利と義務の両面をもつ。

校外での研修と比べると校内研修の主な特徴は二つある。第一にあくまで勤務する学校の問題点や課題の実践的解決が主目的であること、第二に全教員が協働して取り組む態勢にあることである。もっとも、近年の学校多忙化のなかで校内研修時間を割くことが難しくなっているので、校務分掌（学校業務の分担遂行）を合理化したり各種会議を整理などして、できるだけ校内研修を減らさないような工夫がなされている。そうした工夫をそれぞれの学校がどれだけ果たしているかという点も、その学校の組織文化の一側面である。

ところで、校内研修は１９７０年代後半から80年代前半にかけてＯＥＣＤ／ＣＥＲＩ（教育革新研究センター）が「現職教員研修」（ＩＮＳＥＴ）開発プロジェクトを通じて提言した「勤務学校を基盤とする研修」(school based inservice education) の内容と重なっていることに注目しておきたい[4]。

ＯＥＣＤ諸国でのそれまでの現職研修は、学校を離れて大学などの研究機関で専門的な講義を受けて上級教員資格を取得する校外研修であった。しかし、現職研修を低コストでもっと身近におこない、「同僚教員間連携」（「同僚性」collegiality）を高めながら、学校改善に直接生かすためには勤務学校を基盤にした研修が望ましいという新しい見解が示されるようになった。個人主義文化の強い国々では教師の実践も個人主義的で同僚との連携も弱くなりやすいから、全国的な教育改革にも対応しにくく「同僚性」が強調されるという事情もある[5]。日本には「教員（師）集団」ということばが

[4] 今津孝次郎（１９９６）『変動社会の教師教育』名古屋大学出版会、７頁。学校組織学習としての校内研修の事例研究については同書「付章　学校組織学習と教師発達」参照。

[5] 今津孝次郎（２０００）「学校の協働文化――日本と欧米の比較」藤田英典・志水宏吉編『変動社会のなかの教育・知識・権力』新曜社。

古くからあり、「要は教員集団の問題だ」といった言い方が定着していて、教師の勤務学校組織への関心が強かった。[6] ただ、現在では連携の伝統的あり方（同僚と同一歩調をとるような「共同」関係）と新しいあり方（同僚の主張を尊重し合いながら協力する「協働」関係）が揺れ動いて混乱しているように見える。いずれにしても世界的にもよく使われる「同僚性」という用語には、学校組織学習の向上と学校組織の統一性という二つの目標が込められていると言えよう。

こうして世界の国々で新たに校内研修を通じた学校改善が目標とされるようになったが、それを学校組織学習として検討する際に、日本の作業課題のいくつかをあげておこう。

①校内研修が単に個人学習の集合になってはいないか。たとえば、せっかく授業公開の後に全教員が集まった校内研究討議にもかかわらず、各人が単に感想を並べただけで時間切れとなってしまうようでは組織学習にはならない。各人の感想をつき合わせながら一人では考えられないような新たな知見を得るような研究討議が求められる。組織学習へと高めるには研修会の司会役にコーディネーターとしての術が必要である。

②校内研修で勤務学校の組織文化に目を向けようとせず、個人研修でも可能な一般的な問題の検討で済ませていないか。あくまで勤務する学校の子どもや教員集団そして保護者の問題などの検討こそが校内研修の核であり、学校組織

[6]「教員集団」を象徴的に示すのが世界的にもユニークな「職員室」空間である。会議室ともなり、同僚との情報交換室、授業準備室、子どもと個別に話し合うコーナー、休憩室などの多機能を果たす教員の拠点である。各学校組織文化の〔形態〕に属する「職員室」での「同僚性」の実態から〔価値・行動様式〕と〔黙示的前提〕を読み解くこともできるはずである（写真Ⅰ-5）。

写真Ⅰ-5　職員室
（Ⅴ部【研究事例1】の海碕小学校で2011年11月著者撮影）

学習にとって必須の対象である。

③たとえ学校組織文化に目を向けても、表層的な〔形態〕ばかりで、その奥にある〔価値・行動様式〕さらに奥底にある〔黙示的前提〕まで探究されているかどうか。

④校内研修で校内の変化や環境の変化に対する認知ができているかどうか。認知を踏まえて行動計画を立て、実行しようとしているかどうか。そんな認知も行動もおかまいなく、従来からの意見をただ繰り返しているようでは組織学習が成立しないし、学校改善・改革案も生まれないだろう。

⑤校内研修で得た成果が教員全員に共有されて、その学校の組織文化として定着しているかどうか。定着することによって、一定の地域環境のなかでのその学校の教育実践が、毎年のように異動してくる教員にも受け継がれていく。そうでなければ、学校の取り組みはいつも毎年ゼロからスタートせざるをえず、前進しない学校は地域から信頼を得ることは難しいだろう。

7 資料としての実践記録

最近では個別の学校に入り込み、細部に至るまで調査して丹念に記述した学校エスノグラフィーが目立ってきているが[1]、そうしたフィールドワークを除くと、学校組織文化論はまだ低調である。しかしその一方では、個別の学校の教育実践についてはこれまで膨大な量の報告書が書かれ、各学校による実践記録が多数出版されてきた。そうした実践記録は一種の学校組織文化の具体的表明としても読むことができる。同じ公立学校のなかでも、卓越した独創的実践がなされる学校、荒れた学校から奇跡の再建を果たした学校、訪問者が絶えない学校、いい学校（海外でも good school と呼ばれて注目され、めざすべきモデルとされる学校がある）と周囲から賛辞が寄せられる学校が実践記録をまとめて出版する。

刊行される実践記録では、学校名も記録者である教師名も実名で明らかにされる。教育実践のなかでは生身の人間である教師や子ども、保護者との総合的な関わり合いが持続的に展開されるゆえに「個別性」の特徴を帯びるからである。それだけに他の学校の教師はその生きた実践からヒントを得ようと実践記録に向き合う。研究者によ

［1］代表的な学校エスノグラフィーの例としては、志水宏吉・徳田耕造共編（１９９１）『よみがえれ公立中学——尼崎市立「南」中学校のエスノグラフィー』有信堂高文社、など。

るフィールドワーク報告では、ある個別の現実からできるだけ一般的な知見を得ようと考察がなされるだけに「普遍性」に向かい、調査で現実をすべて把握できているわけではない点も含めて、フィールド名とその関係者の名前はイニシャルや仮名扱いにされるのと異なる。

そこで、これまで単行本として公刊された多数の実践記録のうちから、とりわけ独自の学校組織文化を樹立しようとしたと思われる中学校の実践記録を一冊取り上げたい。もちろん、実践記録では学校組織文化という視点や枠組みは用いられてはおらず、あくまで実践のことばで埋め尽くされている。それを可能な限り学校組織文化の視点から読み解いてみよう。ここで言いたいのは、すぐさま学校のフィールドワークをしなくても、その前に公刊された実践記録を読むだけでも学校組織文化についてある程度は知ることができるということである。実践記録によって学校理解を具体的に深め、実践記録で明らかでない部分については、フィールドワークに出かけて実際に見聞きして把握すればよいのである。

さて、次項「８　教育荒廃と教育改革」でも取り上げるように、１９８０年代以降の校内暴力やいじめ、不登校をはじめとする「教育荒廃」現象はもっぱら中学校に集中した。問題解決のために全国の中学校で共通してとられた対策は主に「生徒指導」「部活指導」「進路指導」である。この「三つの指導」の陰に隠れて、見落とされてしまった「授業改革」をあえて前面に押し出すという、中学校としては珍しい実践を展開したのが静岡県富士市立岳陽中学校であった。この実践のリーダーシップを発揮したのは転任してきたばかりの佐藤雅彰校長であり、その学校改革の後押しをしたのがスーパーバイザー役を依頼された教育学者・佐藤学である。3年間にわたる中学校改革の実践記録から特徴的な四点を抜き出そう[2]。

①中学校で「授業を変える」という基本方針。それまでの「不登校生徒が四十人弱、三年生を中心とした服装の乱れ、授業中に寝ている子ども、休み時間ともなると教師の怒声が絶えない」という状態のなか、2001年度に赴任した佐藤雅彰校長は、前任校で佐藤学教授の主導する「学びの共同体」を実践した経験があった。再び佐藤学教授をスーパーバイザーに迎え、その原理を岳陽中学校にも導入した。「怒鳴って叱る指導より授業改革で生徒を変えよう」という校長の新たな方針である。「荒れた」状態なら生徒指導から手をつけるのが常套手段だから、「授業を変える」という方針に多くの教師が戸惑い、不安と反対の声が噴出した。中学校のごく一般的で自明の指導原理が〔黙示的前提〕で大きく揺さぶられたと言ってよい。とりあえず、各教科の1時間の授業のなかに小グループ活動を取り入れ、生徒同士の関わりやつながりを大切にするという試みから始めた。そして、教師全員が年1回の公開授業に踏み切った。

②机の配置を変える。2年目には授業での机の配置も変えた。一斉授業方式に見合った伝統的な座席配置ではなく、いわゆるコの字型として、生徒同士が対面して質問し意見交流がしやすい形態をとった。クラス担任が全教科指導に当たる小学校ではし

［2］佐藤雅彰・佐藤学共編著（2003）『公立中学校の挑戦——授業を変える学校が変わる・富士市立岳陽中学校の実践』ぎょうせい。

佐藤学教授をスーパーバイザーとする学校づくりの記録としては、茅ケ崎市立浜之郷小学校の取り組みの方がよく知られている。

大瀬敏昭（著者代表）・佐藤学監修（2000）『学校を創る——茅ヶ崎市浜之郷小学校の誕生と実践』小学館。

同（2003）『学校を変える——浜之郷小学校の5年間』小学館。

ばしば見られる形態であるが、教科担任指導制の中学校ではほとんどお目にかからない。つまり、一方的に「教える」形から「子どものコミュニケーションを中心とする聴き合い学び合う授業」への転換である。生徒からは好評である様子が感想文からうかがえる。当初は教師のなかに「机の配置などどうでもいいではないか」という反発もあった。しかし、配置の変更は机の位置という〔形態〕の背後に生徒中心の学びという〔価値・行動様式〕が込められていることに気づきつつ、机は縦型配置という〔黙示的前提〕が突き崩されたことを示している。

③授業公開を核とする校内研修。〔黙示的前提〕を覆す取り組みは校内研修でも具体化された。各教師に教科指導に対する自負心があるせいか、年1回の授業公開は拒否されることなく実行することができたが、問題は公開の方法である。常識に反して「指導案を配布しない」のが新たな手法であった。[3] 外部からの参観者にとっては授業構想程度のものでも指導案がある方が分かりやすい。にもかかわらず配布しない理由は、指導案があるとその通りに授業をしがちとなり、授業中の子ども活動を常に見取ることが弱くなり、子どもの思考に沿うことや、思いがけない子どものつぶやきに咄嗟に反応したりすることがおろそかになりがちだからである。それに、正式に指導案を作成するのは教師にとっては負担であり、作成にかかる時間や労力は教材研究に廻した方がよいというねらいであった。この手法は外部からの参観者には不満があったが、校内の教師の間では好評であった。

[3]「学習指導案」を学校現場では略して「指導案」と呼ぶ。年間授業計画に従って各授業の目標・対象・内容・方法を簡潔に記したもの。具体的には授業過程（導入・展開・まとめ）に沿って学習内容や学習活動の計画を書くので、ともすると指導者は計画通りに進めがちとなり、予期せぬ子どもの反応（それがクラス全体の思考を深める契機ともなりうる）を見落としたり、無視することになりやすい。

④学校運営協議会を核とする学校開放[4]。学校で生じた子どもたちの問題は学校内で解決する体制で臨むのが従来からの一般的前提である。しかし、岳陽中学校では、激変する家庭や地域の環境のなかでの中学校の現状について知ってもらうために、地域の民生・児童委員や保護司に来てもらって、授業参観や懇談会を実施した。さらに教職員、保護者代表、生徒代表、地域住民代表からなる運営協議会を設置し、さっそく学校二学期制について、また家庭訪問や生徒会活動などについて意見交換している。この方式は関係者に好評であり、校長が変わっても続けてほしいとの要望が出された。こうした学校開放の取り組みは〔価値・行動様式〕の新機軸である。ただし、その取り組みがそれまでの〔黙示的前提〕のなかに潜んできたかもしれない学校閉鎖性の性質を根本から打ち破らない限り、校長が変わればまた元に戻ることになりかねない。

以上四点を抽出したが、特色ある学校の実践記録を組織文化の観点から読み直すだけでも、その学校を学校臨床社会学的に理解することにつながっていく。

［4］学校長の求めに応じて意見を述べる学校評議員に対して、学校運営協議会はより積極的に学校を地域に開く組織で、学校運営に関して住民や保護者の意向が反映される。２００４（平成16）年に「地方教育行政の組織及び運営に関する法律」が一部改正され、第47条の5に「学校運営協議会」が追加された。

Ⅱ　学校教育問題の臨床社会学

朝会

（上）全校であいさつ

（左）読書感想文コンクールで入賞の表彰

8 教育荒廃と教育改革

１９８０年に三重県尾鷲中学校で発生した校内暴力事件をきっかけにするかのように、全国の中学校で校内暴力が連鎖的に広がっていった。考えられないような事態が連日マスコミで報道されると、人々は動揺し不安になるとともに、事態を統制できない学校に不信の目を向けるようになる。その後も１９８０年代を通じていじめや不登校、学級崩壊、受験競争過熱、学業不振、非行などの学校教育問題が相次いで出現し、それらは社会問題として世論の対象になっていくとともに、「教育荒廃」と叫ばれるようになった。[1] この教育荒廃をめぐっては検討すべき課題が四つある。

第一に政府はどう対応したのか。第二に個別の学校はどう対応したのか。第三に教育学や社会学など学術研究はどう対応したのか。第四に１９８０年代という特定時期にさまざまな学校教育問題が噴出したのは各学校が抱えた個別問題というよりも、それを超えた社会全体に構造的な問題が存在するのではという疑問であり、つまり教育荒廃の背景は何か、である。本項では第一について触れ、さらに項を追って第二、第四そして第三について検討する。

［1］教育研究者の間では「子ども（または学校）の荒れ」とも呼ばれた。

第一の政府の対応については世論の動向も併せて見る必要があろう。教育荒廃と呼ばれた諸現象に対して、不安感や不信感を抱く人々は荒廃の現実を一つひとつ冷静に解きほぐして把握するというよりも、急激に種々の問題に見舞われて、なすすべも無いように見える学校と教師に対して批判と攻撃の矛先を向けていった。いわゆる「教師（員）バッシング」（教師叩き）の登場である。こうした世論の登場にはいくつかの理由が考えられる。

まず、学校で生じた諸問題を解決する立場にある教師に真っ先に目が向けられるのは当然であること。しかも、日本の教師に対する尊敬や期待の念が伝統的にも強かっただけに、期待が裏切られたという不信の感情から批判の声が上げられていったこと。しかも、急激に生じる多様な生徒の問題への対応に追われて、丁寧に対応する余裕すら失いがちな学校のなかには、強引な生徒指導で問題現象を封じ込め、とりあえず表面上の秩序回復を早期にはかるような取り組みに流れる場合も見られ（いわゆる「管理主義教育」）、それがいっそうの批判を呼んだこと。あるいは、人々が教育荒廃に対する動揺や怒りの気分を早く鎮めるために、とりあえず具体的に目につきやすい現場教師を「供犠」（くぎ＝いけにえとして捧げられる犠牲者）のように扱うことによって、学校秩序が脅かされて危機状態に陥ったために生じた心理的不安定がいっそう深刻にならないようにする一種の防衛機制ともなったこと。

こうした「教師バッシング」世論も受けながら、政府は１９８４年８月に新法によ

［２］臨教審は１９８７年８月までの３年間、25名の委員と20名の専門員が四部会に分かれて、初等・中等・高等教育そして社会教育も含めた教育改革を審議し、国内視察だけでなく、アジアや欧米諸国への海外教育制度等調査も実施しながら、第一次〜第四次答申をまとめるという戦後新教育がスタートして以後の最大規模の教育審議会となった。その答申内容はその後の文教政策に大きな影響を与えた。

って「臨時教育審議会」（臨教審）を設置し、戦後教育の全体を見直しつつ教育改革の総合的諸施策の立案をはかった。[2] この審議会の役割として「国民がその解決を強く求めている教育荒廃の病理現象に対し、応急措置のみでなく、より重要なこととして、その背後にある要因を深く掘り下げて、改革のための総合的、基本的考え方を示すこと」[3]が最初に掲げられている通り、戦後30年以上経過して日本社会が急激な変化に直面しているにもかかわらず、学校制度はその変化に柔軟に対応できていない実態を多角的に指摘し、対処方策を提言することが答申全体を貫く柱となっている。

それだけに「国際化への対応」や「情報化への対応」、「（長寿化と高学歴化を踏まえた）生涯学習体系への移行」が強調されたわけであるが、初等中等教育の改革課題を見ると、「教師バッシング」世論と呼応するかのように「開かれた学校」や「教員の資質向上」の提起が目を引く。[4] そして、審議会での実際の議論のなかでは「教育陪審制」や「教員免許更新制」の意見さえ飛び出すほど、教員評価に関する厳しい見方が示されたのである。[5]

[3] 臨時教育審議会「教育改革に関する第一次答申」第一部第三節、１９８５年６月。

[4] 臨時教育審議会「教育改革に関する第二次答申」第一部第二節、１９８６年４月。「開かれた学校」構想については、２０００年に学校教育法施行規則に追加された「学校評議員」、２００４年に地方教育行政の組織及び運営に関する法律に追加された「学校運営協議会」が制度的具体化と言える。

[5] 「臨時教育審議会をめぐる動き」『内外教育』時事通信社、１９８５年５月28日、７月26日。「教員免許更新制」構想については、教育職員免許法改正により２００９年度より実際に導入された。10年ごとの教員免許更新講習が義務づけられ、試験に合格すれば更新が認められるという世界でも例のない制度が具体化した。

9　校内暴力と学校組織学習

たしかに、社会の変化に対応できない学校の閉鎖性や硬直性を打破して、教師の資質能力を向上するためには根本的な制度改革が求められる。しかし、マクロな制度改革で教育荒廃がすべて解決できるだろうか。学校現場で本当に生かされる制度改革の内容でなければ、ただ制度の形式をいじくっただけのものに終わってしまう。そして、制度が変わらないと学校が変わらないというものでもない。一定の制度の下でもさまざまな学校組織文化の改革がありうるからである。学校が直面した急激な社会変化に対して、どのように「外部適応」しつつ学校組織の「内部統合」を果たしていくのかということが個々の学校の組織文化の改革にほかならない。

そこで、１９８０年代の教育荒廃の端緒となった校内暴力に立ち返ってみよう。全国で吹き荒れた校内暴力の嵐を乗り越えて学校として再生していった実践的取り組みは各地で見られた。制服警官隊による威圧という最悪のかたちで校内暴力を封じ込めてしまった尾鷲中学校の場合にも再生の軌跡があった。当時３年生担任であった川上敬二教諭は事件から約３年を経て詳細な実践記録を刊行している[1]。それは子どもたち

［1］川上敬二（１９８３）『校内暴力の克服』民衆社。

に対してどのようにユニークな教育をおこなったかの記録というよりも、教師たちが生徒観や学校観そして教育観をどう転換していったかについての悲痛な記録であり、学校組織文化の観点で言えば〔黙示的前提〕をあえて明るみに出して、自明だと疑わなかった前提を根底から覆すことによって学校再生の手掛かりを得た学校組織学習の軌跡を示したものに等しい。臨教審が設置されたのは、尾鷲中が本格的に再生の歩みを始めてから約3年後のことである点に留意したい。マクロな制度改革より前に、学校はそのミクロな組織学習によって独自に改革することが可能であることを示す格好の事例である。

　尾鷲中学校の教師たちは、事件後1週間かけて事件の総括をおこない、警官隊導入は「教師の敗北」であることを認めて、新たな教育への発想の転換をはかった。40時間近く積み重ねられた職員会議は、教師全員による緊迫した校内研修であったろう。新たな教育への発想とは、暴れまわる生徒の「外面行動」に振り回されて管理的指導ばかり繰り返していたことが逆に生徒の教師不信を増幅させていたことに気づき、生徒の「内面世界」を見つめることへの転換であった。川上教諭は述べている。

「非行児たちのもつ閉鎖性や敵意のなかに入りこみ、個別的に接近することをはかった。……生徒との対話の機会をみつけ生徒の内面に入りこむ努力をしながら、彼らの言い分を嘘やへ理屈と知りつつ、それが生徒自身の論理であるなら、まずそれを聞き、その論理にはたらきかけて正すべきは正し、鍛えることに重点を置いた。

頭髪、服装違反、中学生らしからぬ格好や行動の生徒たちにはせっかちに明日から正す命令調で迫るのではなく、なぜそうしたがるのか、彼らの気持ちや考え方、感情を引き出し、彼らが真底の願いや要求なのか、どうしてそれが間違いなのか自分の考えや気持ちを大事にするということの本当の意味を語り合うことに主眼がおかれるようになった。そこに対話がよみがえったのである。[2]」

いわゆる「カウンセリングマインド」ということばが流布している今日では、ここに書かれていることはごく当然のことかもしれない。[3] しかし、１９７０年代から８０年代にかけての中学校では、何よりもまず管理主義で生徒の「荒れ」を押さえ込もうとする実態が多かったのである。それにここで注目したいのは、管理主義の是非という問題よりも、教師たちがそれまで無意識的にとらわれていた生徒観や指導観を明るみに出し、それを根底から覆す新たな基本方針を打ち建てていった組織学習についてである。

もちろん、教師たちは組織学習という視点を自覚的にもっていたわけではなく、職員会議を繰り返すなかで、地域で大きく変化する生徒の生活に見合った教育指導の価値や方法を検討しないまま、伝統的な基準にそれまで安易に寄りかかっていたことに気づくに至った。この教員集団の気づきには、学校組織文化が環境に対応できなくなっていた現実に対する「認知」と新たな実践方針の構築という「行動」との二つの学習が学校組織学習として展開されていたと考えることができよう。

［2］同右書、１８４-１８５頁。

［3］「カウンセリングマインド」は和製英語で厳密な定義をもつ学術用語ではないが、対人関係援助のさまざまな場で広く使われる。基本的には相手を肯定し、傾聴と受容の態度で接する姿勢を指している。ただ、学校の生徒指導でこのことばを気軽に使いすぎると、生徒の言うままになって逆に生徒の攻撃性を誘発する危険性もはらんでいる。

10　教育荒廃の背景

実は教育荒廃の背景として、１９７０年代半ばに生じた時代社会の構造的変化があったことを見落とすことはできない。つまり、１９６０年代から急速に進展した高度経済成長がピークに達して、産業社会は「消費社会」（「大量生産・大量消費・大量廃棄社会」）の段階に突入し、それは同時に家族や地域社会、情報環境などの激変を伴っていた。つまり、新たな社会が「私中心」「欲望開発」「消費」「現在中心」といった諸価値を急に追求し始めたのに対して、学校はそれまで通り「共同的連帯」「禁欲」「勤勉」「将来志向」といった伝統的価値を担い続けたから、そこに大きな乖離が生じたのだと考えられる。

だから学校も早々に新たな諸価値に乗り換えるべきだったと言っているのではない。当時の学校は急に生じた乖離に無自覚だったのではないかという点を問題にしたいのである。たとえば、校門で「持ち物検査」が一斉に広がったことがあった。それは乖離に無自覚なまま消費社会化の大波に対してとった学校側の無意識の防衛だったのではないか。まずは新たな社会の諸価値との乖離を「認知」すること、そして、学校が担ってきた伝統的価値を検証しつつ、新たな社会のなかでどのようなかたちで伝統的価値を継承しうるのかを各地域の実情に即して見直し、新たな時代の学校の価値をめざす「行動」方針を立てることが求められていたはずである。

そして、急速に学校が拡大していくなかで学校の意味に変化が生じたことにも注目しておきたい。高度経済成長による豊かな社会の到来のなかで、高校と大学は量的に拡大を遂げる。高校進学率は１９６０年の57・7％から１９７５年には91・9％へ急上昇して高校は義務教育に近くなり、大学（短大を含む）進学率もその同じわずか15年間に17・2％から34・2％へと急増した[1]。トロウの概念によれば、高等教育は一握りの者たちが通う「エリート」段階からすっかり大衆化した「マス」段階へ急速に移行したのである[2]。

したがって、学校で学ぶことや進学の意味も大きく変化した。とりわけ高校進学は進学したいという「自らの希望」から、進学せねばならないという「他からの圧力」が強くはたらくようになった。この新たな変化が中学生や保護者、教師にさまざまな面で大きな影響を及ぼしたことは想像に難くない。子どもにとって学校とは異なる場が家庭であるはずなのに、家庭も子どもの教育歴的差異にしか関心をもたないような「教育家族」化し[3]、塾通いの日常化も伴い、家庭は疑似学校のような世界に変質してしまったように。

教育荒廃の端緒となった尾鷲中学校校内暴力事件についても、事件の簡単な経過を

[1] 文部省（１９７７）『文部統計要覧』大蔵省印刷局。

[2] M・トロウ／天野郁夫・喜多村和之共編訳（１９７６）『高学歴社会の大学――エリートからマスへ』東京大学出版会。

[3] 芹沢俊介（２０００）『ついていく父親』新潮社、第3章。

眺めるだけで一般的な問題が存在することに気づく。たとえば、教師－生徒関係に支障をきたすような中学校の大きすぎる規模。高校進学率の急上昇のなかで、中学校の目標が義務教育としての「完成」か、それとも「進学準備」かの混乱に陥るとともに、学力競争が激化し、学業不振者は「新幹線見切り発車」されがちとなったこと。販売・サービス・通信といった第三次産業が優勢になっていくなかで、衰退傾向の第一次産業である漁業の後継者探しをめぐって、子どもの進路形成に関わる家庭での養育態度の混乱など。

つまり、学校だけでなく、家庭や地域や情報社会といった社会全体の構造的転換を一つひとつ丁寧に検証しなければ教育荒廃を深く解明することはできないはずである。にもかかわらず、学校現場で生じる個々の問題現象そのものに目を奪われる人々の疑問と不安は、「今の子どもは怖い」といった大人たちの囁きを誘うとともに、その対応に苦慮する学校と教師に対して不信と怒りという直接的な感情を「教師バッシング」として突き付けていった。当時のマスメディアも異常な子どもの諸行動の表面をセンセーショナルに報道しながら学校と教師に批判的な論調を続けたから、「教師バッシング」の世論を後押しすることになってしまった。[4]

［4］朝日新聞の検証記事「新聞は『昭和』をどう報道してきたのか」によれば（「朝日新聞」２０１０年2月26日付）、当時のマスメディアにとって「家庭教育は聖域とされ、政治やメディアが口を挟むことはタブーだった」から、「解決主体は教師である」という主張を続けた。１９８０年代の校内暴力からいじめ自殺や不登校、学級崩壊の一連の記事に至るまで、「社会や家庭が変わり、子どもが変わったという大きな視点が十分ではなかった」と総括している。

【コラム②】尾鷲中学校の校内暴力事件

私が三重大学に赴任してから６年経過した１９８０（昭和55）年10月27日の午後、三重県南部の漁業の基地である尾鷲市にある尾鷲中学校で校内暴力事件が発生した。同校は生徒数１１００名余り、学級数26で、生徒と教師の関係や教師相互間の意思疎通がうまくいきにくいというマンモス校にありがちな特徴をもち、しかも夏休み明けから一部の生徒と教師の対立が続いていた。５時限目の授業が終わったとき、授業をさぼってたむろしていた10数名の生徒たちが、注意をした数名の教師を取り囲んで不平不満を並べ立てて詰め寄った。興奮した生徒の一人が教師につかみかかり、別の教師が制止しようとして混乱状態となった。生徒の数が増えて職員室や校長室になだれ込もうとする。校長らの説得も功を奏せず、すでに学校に詰めて様子を見守っていた教育長は警察に出動を要請、私服警官３人が校舎に入り、制服警官48人が校舎を取り囲んで、騒ぎはようやく収まった。

大学を除き、義務教育の場に50人近い制服警官が入るという学校教育史上例を見ない事態は全国に衝撃を与えた。[1]「これほどまでに学校は無力なのか。教育が分からなくなりました」と、教師をめざす三重大学教育学部の指導学生の一人は頭を抱え込んでしまった。連日センセーショナルに報道される事件関連ニュースを通じて、生徒が教師に暴力を振るうという事実、多くの警官を導入しないと学校秩序が維持できないという事実を知った人々は動揺し、１９８０年代を通じて学校教育の歪みが「社会問題」化していく最初の象徴的きっかけとなった。

［1］日本の大学が「エリート」段階から「マス」段階へと向かう転換期と重なる１９６０年代末から70年代初頭にかけて、全国で発生した「大学紛争」では警官隊がしばしば大学キャンパスに入った。

11　臨床的研究ブームとその背景

世界的に眺めると、臨床的研究としては臨床心理学や臨床社会学などがすでに以前から存在していたが、日本で臨床的研究がブームの様相を呈するのは、１９７０年代後半から教育荒廃も含めた種々の社会問題が出現し、それらを解明して解決するための方策を検討するような諸研究が「臨床」ということばを冠して登場してからである。なかでも臨床社会学が注目されるのは、従来もっぱら社会病理学として対象とされていたさまざまな社会問題が改めて臨床の視角から捉え直されていく１９９０年代後半からである。かつてよく使われていた「○○病理学」という表現が下火になったのは、社会病理学が捉える「病理」が一定の規範意識に基づくイデオロギー的色彩を帯びており、しかも臨床現場への介入を指し示さないできたからでもあろう[1]。

一方、教育分野では教育荒廃の諸現象を対象として臨床的研究が盛んになった。すでに１９８０年代前半からリードしていたのはカウンセリングの実践的研究者であった。かれらは子どもや教師に現れた心身の異常の具体的な症状を詳細に描き出し、たとえば「学校ストレス」といった総合的な診断を展開した[2]。そして、１９９５年から

[1] 大村英昭編（２０００）『臨床社会学を学ぶ人のために』世界思想社。
大村英昭・野口裕二共編（２０００）『臨床社会学のすすめ』有斐閣。
崎山治男（２００７）「研究動向――社会病理の診断と実践的介入のはざまで」『社会学評論』第57巻第4号。

[2] 安藤延男編（１９８５）『学校社会のストレス』〔講座生活ストレスを考える５〕垣内出版。

カウンセラーの学校派遣が制度的に始まってからは、学校臨床心理学は現代の学校に不可欠の実践的な専門領域として見なされるようになる。

教育学も１９９０年代を通じて学会をあげて臨床の観点を模索する試みを積み重ねていた。さまざまな問題を抱える子どもたちの声を聴き、学校や家庭での人間関係の実態を踏まえながら問題解決の方策を検討する新たな実践の学を確立しようとする始まりである。[3] そして、「臨床教育学」とか「教育臨床学」、「学校臨床学」といった講座の新設や授業科目の開設が全国的に広がっていった。

そうした教育学の動きに呼応するかのように、従来からの大量サンプリングによる計量的調査に基づいて病理現象の解明に当たってきた教育社会学、なかでもその下位領域である学校社会学も、１９９０年代後半から臨床的アプローチに注目するようになる。量的調査では明らかにできない側面について質的に解明するインタビュー調査や事例研究、ライフヒストリーそしてエスノグラフィーなどの手法を駆使しながら社会問題としての学校教育問題を解明するアプローチである。[4]

以上のように、１９９０年代以降になって単にカウンセリングとか心のケアといった個人心理への関心が高いというだけではない臨床的研究の隆盛が見られた。その背景には、以下のような学術世界での基本的発想の変化や新しい若者文化の登場などが関わっているように思われる。

①社会の問題状況を反映して、病理や逸脱への人々の関心が高まったこと。しかも

[3] 新堀通也（１９９６）『教育病理への挑戦――臨床教育学入門』教育開発研究所。
小林剛・皇紀夫・田中孝彦共編（２００２）『臨床教育学序説』柏書房。
近藤邦夫・志水宏吉（２００２）『学校臨床学への招待――教育現場への臨床的アプローチ』嵯峨野書院。
日本教育学会編（２００２）『教育学研究〔特集・教育における臨床の知〕』第69巻第３・4号、など。

[4] 日本教育社会学会編（２００４）『教育社会学研究〔特集・教育臨床の社会学〕』74集、東洋館出版社。

病理や逸脱が特殊な例ではなくて、健康や常態との境界が曖昧な日常的現象になりつつあること。たとえば、当初「学校恐怖症」という特殊な心の病気だと言われていた現象が後に「登校拒否」という行動と理解されるようになり、そのうち「怠学」のケースも含めて「不登校」と呼ばれるようになって、どの子にも起こりうると広く捉えられるようになったように。また、従来の常識では理解できないような凶暴な犯罪行為が子どもにも大人にも発生することがあり、「心の闇」としか表現できないような事案も登場するようになった。このように、病理の基準が不明確化し、さらには病理そのものを把握しにくくなるなかで「臨床」というスタンスが説得性を強めていく。

②「臨床」はもともと「病床に臨む」ことだから、患者と医師との関係が基軸である。ただ、「病床」を家族や学校、仲間集団、職場にまで及ぼしてみると、それぞれの場での個人の悩みが問われ、対人関係の苦しみが訴えられ、その癒しが求められている現象へと視野が広がっていき、「臨床」が広義化されていく。

③最近の若い大学（院）生は、かつての大学生が熱中していたような理論や思想、思弁、黙考といったスタイルをあまり取らなくなり、身近な生活上の事件や出来事に実感的に反応する傾向が強くなった。彼らはボランティアに親近感を抱くように、現場への参加とか実践といった実際の行動に関心を向けているように見える。そうした学生たちの好みに、「臨床」の視点や方法が合致するのかもしれない。

12　臨床の視点と方法を問い直す

臨床的研究が関連諸領域を巻き込むような広がりを見せ、ブームの様相を呈してくると、逆に臨床の視点や方法は曖昧になりがちである。そうならないように、まず臨床の視点について再確認するには哲学的な議論が参考になる。

哲学者の川本隆史は、「病院」（hospital）の語源であるラテン語の「ホスピティウム」（hospitium）が「客を丁重に接待すること、宿泊所」という意味であり、さらに遡る「ホスペス」（hospes）が「来客とかもてなし役のホスト、見知らぬ人」の意味である点に注目した。こうした語源から「病院の原型は、他者である旅人（とりわけ貧しく病んでいる巡礼たち）を歓待する場、ホストとゲストの間のささえあい」であると指摘し、その「ささえあい」には深い意義がある、と次のように考察する。

「仲間ではない人間との出会いと受容が、自分たちの生き方の歪みを反省させる契機となる。他人が負う傷や苦しみに直面することで自分も傷つくが、その場から立ち去らずにあえて歓待性を発揮することで、ホスピタリティとバルネラビリティ（傷つきやすさ）との密接な関係性が強調されている[1]」。

［1］川本隆史（１９９８）『共に生きる』（岩波　新・哲学講義⑥）岩波書店、49頁。

傷つき疲れた旅人を歓待し泊めるという語源が現代に蘇ったのが、終末期患者の緩和医療（施設）である「ホスピス」（hospice）にほかならない。そこには、他に代えがたいこの人を受容するという臨床の個別性が貫かれている。そして、「歓待」（ホスピタリティ hospitality）は病院やホスピスに限らず、ホテルをはじめ接客業界の基本である。こうして、臨床は単に病床場面に限らず、より広いさまざまな場での原理となる。つまり、狭義の病床からさまざまな場での臨床へと広義化するのは、「臨床」の原義からして当然の流れであることに気づく。

積極的に臨床哲学を提唱してきた鷲田清一も、川本隆史と同様の視点からさらに議論を進める。臨床哲学は精神医学や臨床心理学と同じく、人々の「苦しみの場所」に立とうとする。ただし、治療の学というのではなく、「苦しみ」のなかにいる人々と思考と対話を始め、「問題をともに抱え込み、分節し、理解し、考えるといういとなみをつうじてそれを内側から超えてゆくこと、あるいはこえでてゆく力を呼び込む」作業の試みである。[2]「複数の主体が共時的な相互接触へとさらされる場所」での「対話」ということで振り返れば、ギリシャ哲学の代表者ソクラテスによる「対話」に思い至る。この対話について、鷲田が心理療法家の河合隼雄との対談で強調している箇所に注目すると、哲学と臨床の結合をいっそう理解することができる。

「哲学は最初から臨床的だった……哲学は本来ダイアローグなのに、知らない間にモノローグになってしまった。……自分とのダイアローグ、あるいは書物とのダイ

[2] 鷲田清一（１９９９）『「聴く」ことの力——臨床哲学試論』ＴＢＳブリタニカ、第１・２章。

アローグ。でも哲学ってもっとクリニカルなかたちがあった……」[3]

そして、二人の対談でもう一つ重要な指摘は、臨床場面における「人間と人間の距離感」である。基礎医学は対象から距離をとって客観的に分析する。他方、臨床医学では対象から距離をとらないが、だからといって密着はできない。鷲田はそれを「切るという距離」と「切れない距離」という表現をしている[4]。

すでに哲学者の中村雄二郎が論じてよく知られているように、抽象性・普遍性・分析性を特徴とする「科学の知」と、具象性・個別性・深層に隠された意味の記述性を特徴とする「臨床の知」とは異なっている[5]。つまり、「科学の知」と「臨床の知」との相違は、いわば対話する相手とどれほどの距離をとるかということの違いとも関係する。

続いて臨床の方法について再確認すると、「コミュニティ心理学」の方法が参考になる。コミュニティ心理学は地域精神保健の課題からスタートしながらも、より広いメンタルヘルス問題解決への「援助」を強調し、ソーシャルサポートに力点を置いて、人々の「生活の質」(quality of life) 向上と問題「予防」へとさらに実践的に踏み出した分野である。つまり、個人や人々にだけはたらきかけるのではなく、彼らを取り巻く環境にも目を向けながら、彼らと環境との適合関係の改善を目指し、個人や人々と同時に環境——小集団・家族・学校・職場・近隣・自治体など——も変えていこうと「インターベンション」(介入) 法によってサポートするものである[6]。

[3] 河合隼雄・鷲田清一（2003）『臨床とことば』TBSブリタニカ、28-29頁。

[4] 同右書、129-130頁。

[5] 中村雄二郎（1992）『臨床の知とは何か』岩波新書、135頁。

[6] 安藤延男編（1979）『コミュニティ心理学への道』新曜社。
山本和郎・原裕視・箕口雅博・久田満共編（1995）『臨床・コミュニティ心理学——臨床心理学的地域援助の基礎知識』ミネルヴァ書房。
Scileppi, J. A., Teed, E. L., & Torres, R. D. (2000) *Community Psychology: A Common Sense Approach to Mental Health*. Prentice Hall.（植村勝彦訳（2005）『コミュニティ心理学』ミネルヴァ書房）。
金沢吉展編（2004）『臨床心理的コミュニティ援助論』

しかも、学校環境を対象にするとき、コミュニティ心理学は学校が抱えた何らかの個別問題について、学校の各構成員に対する直接的なサポートを中心とする「学校コミュニティ[7]への援助」をテーマに掲げるので、学校臨床社会学のねらいとも重なってくる。なお「インターベンション」法についてはⅢ部で詳しく論じたい。

〔臨床心理学全書11〕誠信書房。

[7] 安藤延男編（1979）前掲書、第5章。
金沢吉展編（2004）前掲書、第2章。

13　臨床と社会問題

「臨床」の語義から明らかなように、ベッドサイド（病人の枕元）とベッドサイドマナー（医者や看護師が患者に接する態度）は病院に限らず、日常生活場面で解決が求められている何らかの問題を抱えた家族や学校、地域社会さらには企業、国家政策に至るまで適用しうる視角となる。アルコールやドラッグの依存やうつ病、過労死など心身の病理に関わる問題から、人々が解決を求める児童虐待や不登校、非行、犯罪、失業、貧困、公害など、家族や学校、企業組織、経済構造などに関わる深刻な社会問題が含まれる。これらの社会問題を解明し、その解決の方策を検討するための臨床的研究が社会的に要請されている。

こうした幅広い「臨床」の内容について、《対象》と《方法》の観点から私なりに端的に整理したのが図Ⅱ-1である。「心身の病理」から「社会問題」一般へという《対象》の類別を横軸に置き、臨床場面における「人間と人間の距離感」からヒントを得て、個別に存在するクライエント（来談者・依頼者）やインフォーマント（情報提供者）との距離を《方法》の類別として縦軸に置く。

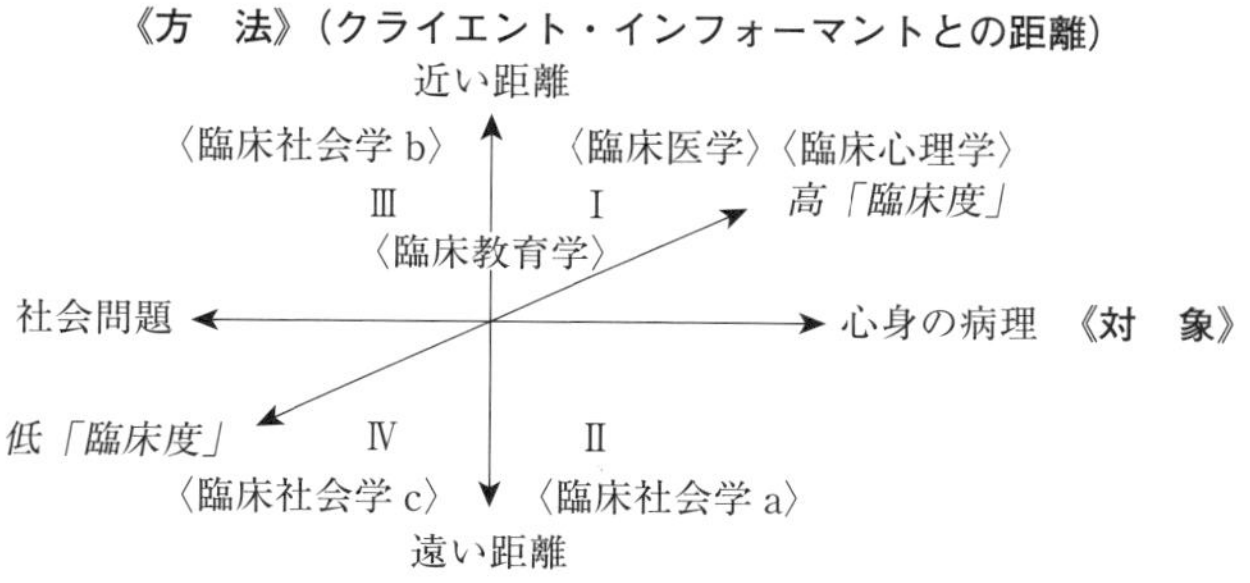

図Ⅱ-1　臨床の対象と方法

そうすると四つの象限を区分できる。やや荒っぽい整理になるが、具体的に理解しやすくするために各象限に各研究分野を位置づけてみよう。

Ⅰはクライエントと直接向き合い心身の病理の解決をはかる領域である。いわば「臨床度」の高いものであり、臨床医学や臨床心理学が当てはまるが、臨床社会学はこの象限からは外れる。これに対して、Ⅱ・Ⅲ・Ⅳはいずれも臨床社会学として成立しうる領域である。そして、ⅣはⅠと対照的に、臨床度が低い位置づけになる。ⅡとⅢは中程度の臨床度になるだろう。

参考までに臨床教育学の位置づけも示しておきたい。ⅠとⅢの双方に関わるが、どちらかといえばⅢに寄っていること、また基本的にはクライエントである子どもに近いけれども、個々の子どもから離れて一般的な教育分析と評価、実践方針を展開する場合もあるという点で、より中心に近い場所に位置づくと考えられる。

それでは四つの各領域では具体的にいかなる課題設定が可能だろうか。分かりやすく理解するために、中学校での校内暴力問題を具体的素材として考えよう。領域ごとに課題設定の一例を部分的に挙げてみる。ここで強調したいのは、校内暴力と言えば「臨床心理学」と「臨床教育学」の課題はすぐに意識されても、「臨床社会学ａ～ｃ」は見落とされやすいという点である。もちろん、以下に説明する五つの研究領域は切り離された別個のものではなくて、相互に重なり合っている。

Ⅰ　臨床心理学——個々の生徒の生育歴と暴力との関係、攻撃的性格形成の有無、個々の生徒の友人関係や教師との関係の実態を査定し、個々の生徒の暴力からの脱却をサポートし、当該生徒が所属する環境（学校・家族・地域）への支援をおこなう。

Ⅰ・Ⅲ　臨床教育学――生徒の暴発を誘った生徒指導や学習指導、教師－生徒関係、学校風土などを解明し、一人ひとりを生かす授業や学力保障、進路保障のあり方などを含め、当該中学校の学校・学級経営を見直す。

Ⅱ　臨床社会学ａ――該当中学校の適正規模、教員集団の凝集性の程度、校則とその指導形態、学校組織文化に潜む「教師中心主義」の強度、生徒の家族関係および学校内・外の友人関係、教師と保護者の連携関係などを解明し、それぞれの問題点を是正するための学校方針を策定する。

Ⅲ　臨床社会学ｂ――校内暴力の社会史を検討しつつ、青年前期の攻撃性とその社会背景を家族や仲間集団、地域の変動の観点から解明し、当該中学校での校内暴力の特性を検討して問題克服の手掛かりを探る。

Ⅳ　臨床社会学ｃ――高学歴化や都市化、消費社会化、高度情報化の進行と青年の攻撃性の関係を解明する。

以上の研究領域を眺めると、「臨床社会学ａ・ｂ」で示されたものが「学校臨床社会学」と重なる。そして、低「臨床度」の「臨床社会学」と、高「臨床度」で臨床的研究の本流と受け止められる「臨床心理学」をさらに比べたい。比較の枠組みとして、個人－学校（教師－生徒関係を含む）－環境（家族・仲間集団・地域・情報環境を含む）－

全体社会（文化を含む）の四レベルに即してみると、臨床心理学は個人の査定から学校・環境への査定へ、そして学校・環境の改善と個人の支援へというアプローチとなる。これに対して、臨床社会学は環境・全体社会の査定から環境・全体社会の改善へというアプローチであり、学校臨床社会学は学校・環境の査定から学校・環境の改善へというアプローチとなる。

このように、査定から改善へという実践的性格は共通でも対象の力点が異なる。つまり、問題をはらむ個人から出発し、個人の変化をめざす臨床心理学に対して、問題をはらむ環境・全体社会から出発し、環境・全体社会の変化をめざす臨床社会学の違いと言えようか。一口で言えば、「個（と集団）の臨床」（個人臨床）に対して「集団・組織・社会の臨床」（組織臨床）とまとめることができよう。

14 シカゴ学派社会学と臨床社会学

さて、「臨床社会学」（clinical sociology）は19世紀末から20世紀初頭にかけてのシカゴ学派社会学（Chicago School or Chicago Sociology 以下「シカゴ学派」）に誕生したとされている。シカゴ学派といっても、同質で単一の研究グループを指しているのではなく、1892年のシカゴ大学創設と同時に設置された社会学科の教授団とその指導を受けた研究者群による約40年間の4世代にわたる研究スタイルをひと括りにして称しているもので、その内容は実に多面的で一言で表現するのは難しい[1]。

ただ、19世紀後半から20世紀初頭にかけて急激な都市化と工業化によって地域社会が大きく変貌を遂げたシカゴでのフィールドワークに基づき、急速に大都市化する地域社会での移民・人種・非行・犯罪・貧困・飲酒・家族解体など、解決を迫られる諸問題を取り上げたという点では基本的に共通する。そうした諸問題を対象として、質的かつ量的な研究によってそれらを解明し、問題解決に実践的に役立たせようとする社会学の構築に取り組んだのがシカゴ学派の特徴である。それだけに「初期シカゴ学派の調査研究はすべて、広い意味では『臨床社会学』そのものであった[2]」と評される。

[1] 中野正大（2003）「シカゴ学派社会学の伝統」中野正大・宝月誠共編『シカゴ学派の社会学』世界思想社。

[2] 藤澤三佳（2003）「臨床社会学とシカゴ学派」中野正大・宝月誠共編、同右書。

その一方では、そこにこそ当初から問題性をはらんでいたとも指摘される。

「シカゴ・ソシオロジーのフィールドへの傾斜は、一方で『科学性』、『客観性』ということを自らの調査研究に禁欲的と言えるほどまでに要求しながら、他方でそれ自体『公的事象』として、現実社会との存在論的〈共謀〉関係を持つことを重視した。ここに『実証』と『実践』とが未分化の状態で、すなわちオーバーラップしたままに統合された〈臨床社会学〉の存在意義があらためて取り沙汰される」[3]。

シカゴ大学での「臨床社会学」の最初の講義は、シカゴ学派第二世代の一人であるバージェスにより、１９２８年に社会病理学の枠組みのなかでおこなわれている[4]。１９２０年代に入って第二世代に移行するにつれ、シカゴ学派は社会科学として客観性をいかに確保するかに焦点を合わせるようになる。その流れのなかで「臨床社会学」と命名された分野の課題も、それまでの社会改良主義が対象とした都市のさまざまな社会問題を取り上げながらも、それらを解明する際の客観的な社会学の方法を洗練させるために、「臨床」や問題解決の「実践」に関する客観的な態度とは何か、という点で苦慮したのである。

１９３０年代に移行して第三世代に入ると、ワースが『アメリカ社会学雑誌』（*American Journal of Sociology*）に「臨床社会学」と題する論文を寄せた[5]。これはシカゴ大学（社会学科）創立から39年後、『アメリカ社会学雑誌』創刊から36年後のものである。この論文では、精神科医とソーシャルワーカーそして心理学者による「子ども

[3] 吉原直樹・桑原司（２００４）「都市社会学の原型――R・E・パークと人間生態学」宝月誠・吉原直樹共編『初期シカゴ学派の世界――思想・モノグラフ・社会的背景』恒星社恒生閣。

[4] 藤澤三佳（２００３）「臨床社会学とシカゴ学派」前掲論文。

[5] Wirth, L.（1931）Clinical Sociology. *American Journal of Sociology*, vol.37, No.1, July.

相談クリニック」が検討素材とされ、社会学者はクリニックの活動にどう貢献できるかについて具体的に検討する内容となっている。ワースの結論をまとめると、社会学者が寄与できるとした課題は次の三つである。

第一に社会調査をした結果を提供する。第二に来談した子ども自身の個人生活への着目がクリニックでの中心的情報となっているから、それに対してもっと広い文化的アプローチによる知見を提供する。第三にケース検討会に直接参加して、子どもの生活史から収集した社会環境の分析を提供し、地域・学校・社会機関のスタッフとも連絡して適応や治療の指導方針に関する話し合いをおこなう。

つまり、心身に何らかの問題を抱えた子どもの治療という臨床過程は、異なる専門家の協力体制によってこそ実現できるのであり、社会学者もその一翼を担うというのが臨床社会学の役割として具体的に論じられたのである。

15　デューイとシカゴ大学「実験室学校」

シカゴ大学創立から2年後に赴任したデューイも、大都市が抱える諸問題のなかでも学校教育に焦点を合わせて、その解決策を探索しようとした。代表作の一つである『学校と社会』は、地域社会から学校を眺める視点に立った古典的研究として、学校臨床社会学に関する学説史のなかで見落とすことはできない[1]。

当時のシカゴではヨーロッパ各国やインド・中国などからの移民を含めて急激な人口増が生じており、市内には多種多様な人種・民族・国籍・宗教・社会階層の子どもたちが存在していた。そうした多くの一般的な子どもたちに対して、実際の生活から遊離した一方的な知識の教授で学校教育は成り立つのか、という根本問題に挑戦したのがデューイである。彼は赴任から2年後の１８９６年に早くも15名の子どもを民家に集めて「実験室学校」（後のシカゴ大学附属小学校）を開設する。

「実験室学校」（laboratory school　一般に「実験学校」とも表記される）とは、従来のような師範学校に設置される「実習のための学校」（practice school）とは異なり、研究大学での新たな教育科学研究に基づく教師教育の実践拠点というねらいも込められ

［1］Dewey, J.（1900）［1915, 1990］*The School and Society*, The University of Chicago Press.（宮原誠一訳（１９５７）『学校と社会』岩波文庫、市村尚久訳（１９９８）『学校と社会・子どもとカリキュラム』講談社学術文庫［Jackson, P. 編集による１９９０年版］）。

ていた。子どもたちはその後40名、60名と増え、広い教室へと移転していくが、1903年まで続いたこの実験室学校の前半の取り組みを踏まえて書かれた『学校と社会』は次のような特徴をもっていたと言えよう。

①社会のなかで学校を捉える基本的視点。

②特定の（実験室）学校を基盤とする。

③古いタイプの学校教育を改革しようとする実践的研究志向。

④心理学による科学的人間発達の知見を重視。

もちろん、中心は④であり、子どもの発達過程に沿って小学校の教育課程を新たに構成しようとした。ただ、①を核にして、②と③も含めて捉え直すならば、『学校と社会』は学校臨床社会学の萌芽と言うべき側面をもっていたと言える。デューイのメッセージは次のように強烈である。

「わたしたちの社会生活は徹底して根本的な変化を受けたということは、紛れもない事実である。もしわたしたちの教育が、生活にとってなんらかの意味をもつべきであるならば、教育も同様に完全な変貌を遂げなければならない。[2]」

たしかに当時はイギリスやフランス、ドイツで始まった新学校運動の只中にあった。ただし、それらは上流階級向けの中等学校での試行学校であり、デューイがねらったのは、上流階級学校でもなく、下層階級の子どもに教育機会を提供する貧民学校でもなく、全国民に開かれた単線統一原理をもつ公立普通学校（コモンスクール）を初等

［2］J・デューイ／市村尚久訳（1998）『学校と社会・子どもとカリキュラム』前掲書、89頁。

教育に実現することであった。[3] 開校時にはデューイが実験室学校で検証すべき課題について保護者に語るのを教師たちは聞いている。そのうちの一つは次のようである。

「子どもが来て勉強しやがて帰宅する場である学校を、いかにして家庭や近隣の生活と密接にするか、どうやって学校を子どもの日常生活から隔てている壁を除きギャップを埋めるか、ということだった。[4]」

あらゆる種類の人種・国籍・宗教・社会階層の子どもたちが存在した当時の大都市シカゴを背景に、大学の実験室学校をフィールドとして、教育問題解決の方策をヨーロッパとは異なる考え方で実証的に探究しようとした実践的な挑戦は、学校臨床社会学の「源流」として位置づけられると私は考える。

『学校と社会』が刊行されてから30年近く経ってから、シカゴ学派は本格的に臨床社会学を開拓していった。シカゴに生じたさまざまな都市問題をどのように実証的に解明し、どうやって実践的に解決していくのか、という基本的な問題意識をデューイも共通して抱いていたという点では、シカゴ学派と臨床社会学の形成にデューイも側面から一役買っていたと言えるだろう。

〔3〕梅根悟（１９７８）「デューイ・スクールについて」メイヨー・エドワーズ『デューイ実験学校』〔序文〕同左書。

〔4〕Mayhew, K. C. & Edwards, A. C. (1936) *The Dewey School: The laboratory school of the University of Chicago 1896–1903.* Appleton-Century Company.（梅根悟・石原静子共訳（１９７８）『デューイ実験学校』〔抄訳・世界の教育改革４〕明治図書、38頁）。

16　応用と臨床の社会学

シカゴ学派に代表されるように、社会学は当初から広い意味での臨床社会学的な性格を帯びていた。しかしそのうち、臨床社会学は理論志向と実践志向とが分裂し、後者からはソーシャルワークが独立していくなどして、独立分野としての臨床社会学は活気を失っていく。[1] それから40年ほど低迷が続いたあと、１９７０年代になって臨床社会学は再び脚光を浴びるようになった。そのことは、社会問題の解決という実践志向がアメリカ社会学内部に底流として流れていたことを物語っている。

この底流としての実践志向を現代的に表明したのは、臨床社会学よりも幅広い「応用社会学」（applied sociology）である。応用社会学は、理論的研究を扱う純粋社会学に対して、社会改良的な意図をもって実践的に可能な適用を見出そうとする研究部門である。それはプラグマティズムを重視するアメリカらしい風土から生まれた方法だと言え、いわば基礎医学に対する臨床医学に相当するものと考えてよい。応用社会学は企業の市場調査や経営改善、国や地方自治体の政策決定に有効に生かすべく産み出された社会学的知見を含むが、臨床社会学はさまざまな社会問題の解決に寄与しよう

[1]「社会事業」と訳されたこともある「ソーシャルワーク」は、人々が幸福な暮らしを送ることができるように、生活上の困難な諸問題の解決をめざす支援活動である。社会福祉制度や福祉施設という側面よりも、特別の知識・技術をもつ専門職としての「ソーシャルワーカー」を中心とした実践的取り組みの側面に力点を置いた用語である。

とするだけに、応用社会学のなかで大きな部分を占めることになる。事実、今日のアメリカ社会学では、臨床社会学はしばしば「応用と臨床の社会学」(applied and clinical sociology 以下「応用臨床社会学」)と総称される。

「社会学と実践的事柄の世界との関係はいかなるものであろうか」という問いを基本主題に掲げたラザースフェルドらによる『応用社会学』は、アメリカ社会学の黎明期について次のように振り返るところから始まる。「社会学が初めてアメリカ合衆国に入ってきたとき、それは社会改良運動に近かった。……社会改革と初期の社会学との提携関係のもっとも顕著な成果は社会踏査(サーベイ)運動であった[2]」。

この『応用社会学』で、ラザースフェルドらはアメリカ社会学が政策と関係の深いことを指摘している。一方では、社会学者の方から政治的論争点を明らかにしようとして、あるいは社会条件を改善しようとして社会調査を始める場合がある。その際、カーネギー財団をはじめさまざまな財団が調査を援助する。他方では、政策立案者の方から社会学者に調査が依頼される場合もある。そうした依頼調査はしばしば何らかの危機によって促進される。たとえば、見学者数の減少に直面した美術館が減少の原因調査を依頼する、ボランティアの福祉機関が新しい企画を採用せざるをえなくなったときにソーシャルワーカーの支援を確保する方法について調査依頼するなどというように。

とはいえ、政策立案者が常に調査研究者を重用するわけではない。科学的研究に過

[2] Lazarsfeld, P. F. & Reitz, J. G. (1975) *An Introduction to Applied Sociology*, Elsevier Scientific Publishing.(斎藤吉雄監訳(1989)『応用社会学——調査研究と政策実践』恒星社厚生閣、2–3頁)。

度に寄りかかりすぎることは、政策を推進するうえで障害になると考えられることもあるからである。[3]

このように国家だけでなく企業や行政機関も含めて政策との関係に着目すれば、同じく実践的性格をもつといってもミクロな臨床場面で問題解決を追求する臨床心理学とは異なり、マクロな政策レベルで追究する応用臨床社会学の独自の役割が浮かび上がってくる。その役割のなかで「応用」過程について自己認識をもつことが一つの特徴となっている。

ラザースフェルドらは、社会学の応用過程を次のような6段階に区分した。[4] 各段階の内容を示す見出しの項目名は、各段階を理解しやすいように引用者がつけたものである。

〔第1段階〕問題の発見と確定、〔第2段階〕調査研究スタッフ編成、〔第3段階〕実際的な問題から調査研究企画への変換、〔第4段階〕調査研究の知見から分析・助言の勧告への変換、〔第5段階〕分析・助言の勧告から政策実行への変換、〔第6段階〕全「応用」過程の査定。

以上の段階区分の意図をまとめてみると以下の3点になろう。第一に具体的な問題解決への実践過程を客観的に捉えて標準化すること。第二に段階ごとに社会学的知見を応用的に提供すること。第三に実践過程の前と後での変化を客観的に分析して評価すること。

[3] P・F・ラザースフェルド他／斎藤吉雄監訳（1989）同右書、第6章。

[4] 同右書、第3章。

ワースの論文「臨床社会学」（1931年）に関連づけるなら、こうした応用過程はシカゴ学派の臨床社会学の捉え方をいっそう前進させ発展させたものと理解することができる。

つまり、第一に臨床の捉え方についてミクロな治療場面よりもマクロな政策検証・立案の場面に力点を置いたこと。第二に依頼者との諸関係を詳細に分類し位置づけることにより、社会学者の参画をより積極的にしたこと。第三に参画の過程を客観的に明確化しつつ、参画の意味と意義を理解しやすくしたこと。とりわけ、依頼者が抱えた生の問題から調査研究への変換の際の齟齬や、調査研究を通じて得られた知見を依頼者への勧告に変換する際の齟齬をも研究対象としている点は興味深い。第四に〔第6段階〕の査定を通じて、再び次の新たな〔第1段階〕が始まり、査定の記録は応用過程サイクルをいっそう充実させる共有財産となりうること。

なお、「査定」（assessment）は、最近の臨床社会学では用法が異なり、依頼者が抱える問題を研究者が事前に多角的に検討する作業を指し、「インターベンション」による問題解決の事後効果を測定する作業（ここで言う「査定」）は「評価」（evaluation）と呼ばれることが通例となっている。[5]

いずれにしても、この六段階区分はⅢ部で論じるように、学校臨床社会学の「インターベンション」過程を区分する際に大いに参考になる。

[5] 一般に「査定」とは一定の状態を客観的に把握するために、何らかの指標（数字や段階モデルなど）によって位置づける作業であり、「評価」とは一定の目標に向けた取り組みの結果について、その成果と残された課題を明らかにして次の目標を設定する作業である。

【コラム③】社会問題を抱える大都市シカゴとシカゴ学派

シカゴ学派の草創期を振り返ると[1]、臨床社会学の成立とその特徴的な性格に気づく。19世紀末のシカゴでは、世界有数の穀物生産をはじめ食肉加工、織物、機械、商業一般などが急速に発展し、多量の移民を抱える大きな産業都市となりつつあった。巨万の富を有するロックフェラーは大学創設計画を立て、イェール大学のハーパーに学長兼理事の役目を託す。彼は質量ともに最大で最高の大学を設立しようと、給与水準を当時の平均額の2倍にするなどの革新的な経営戦略をとり、全国から著名な教授を招聘して1892年にシカゴ大学を創設する。同時にアメリカで初めての社会学科も設置された。

新興都市の新興大学に生まれた新生の社会学科は主任のスモールのほかに、ヘンダーソン、トマスといった錚々たる第一世代の学者を擁して、伝統に縛られない新しい研究・教育組織を築いた。また、大学創設から2年後の1894年には、教育学を含む哲学科の主任としてデューイが着任した。哲学科にはデューイの友人であるミードがいて、独自の社会心理学を講義しており、社会学科の学生たちも聴講している。こうして、幅広く豊かなシカゴ学派が形成されていく。

そして、シカゴ大学の近隣には、人道主義的な社会事業家アダムス（1931年ノーベル平和賞受賞）が1889年に設立したセツルメント「ハル・ハウス」（Hull House）があって[2]、デューイもミードもその役員であった時期がある。ハル・ハウスは社会改良主義に基づき、貧困や労働、移民などに関する調査活動をはじめ、大学拡張講

[1] Faris, R. E. L.（1967）*Chicago Sociology 1920–1932*, Chandler Publishing Company.（奥田道大・広田康生共訳（1990）『シカゴ・ソシオロジー　1920–1932』ハーベスト社、第1～2章）。

秋元律郎（1989）『都市社会学の源流――シカゴ・ソシオロジーの復権』有斐閣。

宝月誠・吉原直樹共編（2004）『初期シカゴ学派の世界――思想・モノグラフ・社会的背景』恒星社厚生閣。

[2] Addams, J.（1910）*Twenty Years at Hull-House*, The Macmillan Campany.（柴田善守訳（1969）『ハル・ハウスの20年――アメリカにおけるスラム活動の記録』岩崎学術出版社）。

笠原克博（1989）『初期デューイ教育思想の課題

——１９８０年代の社会改革運動との関連で』法律文化社、第６章。

座の開催などを通じて常にシカゴ大学と関係をもったが、慈善事業の立場から学術研究機関としての大学とは一線を画した。

初期シカゴ学派の性格にとって見落とせないのは、スモールとヘンダーソンである。共に第一世代の立役者であり、スモールは牧師の子として生まれ、牧師の訓練も受けており、ヘンダーソンは牧師であるという類似した経歴からも、両者は協力関係にあったに違いない。いずれも社会問題解決への意志を強くもっていた。ただし、スモールが理論に志向していったのに対して、ヘンダーソンは人道主義的で社会改良的姿勢から研究に取り組んだ人物で、学生を都市諸地域の現場での観察調査へと送り出し、フィールド調査研究を特徴とするシカゴ学派の研究スタイルを確立する一翼を担った。

こうした経緯を眺めると、シカゴ学派は当初から科学と改良主義、科学的認識と道徳主義的心情、そして観察者と参加者といった分岐点を内包していたことに気づく。そして、その分岐点は、臨床社会学そのものに内包されるものであったと言えるだろう。

Ⅲ　学校臨床社会学の性格と研究目的

国語の授業

(2011年3月の東日本大震災の後に防災頭巾を各椅子にセット)

(上) 1年生．ティームティーチングで個別指導も

(左) 6年生．斑学習

17 インターベンションと「介入参画」法

１９７０年代以降のアメリカで臨床社会学が復興するなかで、「臨床教育社会学」(clinical educational sociology) という分野が提唱された。その分野の中心概念が「インターベンション」(介入) である。教育社会学者サウンダースは、さまざまな問題に襲われる公立学校に対象を絞り、「臨床的援助を求める学校スタッフへの介入」という臨床教育社会学者の役割について論じた[1]。その役割を一口で言えば、勤務学校での教員集団の専門性発達に向けたグループワークでの「助言者」だと言ってよい。

とはいえ、一口に助言と言っても容易ではない。臨床教育社会学者が一方的に新しい専門的知識を伝達しようとしても、教師がそれを受容するとは限らないからである。サウンダースは次のように冷徹に観察している。

「教師は、学究的知識を公言して学校に現れる『専門家 experts』に救いを求めつつも、かれらを決して信用しない。専門家は古い問題の解決よりも新しい問題の創造の方が得意であることを教師は知っている。しかし、学究的知識は分かりにくく、適応困難で、教師集団に対する隠された罠をも含んでいる。教師は自分たちのため

[1] Saunders, B. (1991) Clinical Educational Sociology: Interventions for School Staff, in Rebach, H. & J. G. Bruhn (eds.) *Handbook of Clinical Sociology*, Plenum Press.

にならないことの解決を支援してもらいたいと思っているが、実際の支援はかれらに挫折感を起こさせ、疎外感を味わせている。[2]」

教師と研究者との間に潜むこうした齟齬をどのように乗り越えるのか。サウンダースの提案は、主体である教師が自らの教職活動を対象化して批判的に洞察し、学校に関する状況認識を修正できるように、対話を通じたグループワークによって支援することである。つまり、教師たちの勤務校に関するありふれた「状況認識」を書き替えて、新たな視点や知識を提供しながら、それが「動かしがたい現実としてではなく、解決すべき問題」として批判的に捉え直すことができるように、研究者が助言的対話をはかることである。[3] こうした手法は特定の学校を対象とした学校組織文化の検証を通して、その変革をはかる組織学習的方法と通底していると言えよう。

Ⅱ部でもすでに何度か触れた「インターベンション」の概念を、ここで改めて検討しておきたい。一般に「介入」と訳されるこの用語は、今や臨床社会学をはじめコミュニティ心理学、ソーシャルワークなどで頻繁に使われるキーワードの一つになっている。もっとも、「介入」を幅広く捉えるならば、あらゆる調査は多少とも介入の性質をそのなかに含んでいるとも言える。[4] たとえば、アンケート一つとっても、調査テーマに対する回答者の関心を高めさせる作用をもつだろうし、インタビュー一つとっても、聴き手と話し手の関係を新たに生じさせる結果にもなるからである。ただ、ここでは結果として生じる介入ではなくて、最初から一定の状況に変化を生じさせるこ

[2] ibid., p. 301.

[3] ibid., p. 302.

[4] Fryer, D. & Feather, T. (1994) Intervention Techniques. in Cassell, C. & G. Symon (eds.) *Qualitative Methods in Organizational Research*, Sage.

とを意図した介入を取り上げる。

原語の intervention は「調停」とか「仲裁」という意味で、法律用語としては「訴訟参加」という意味もある。この用語を研究方法上で使用すると、一般に「苦痛や問題を抱える人（またはグループ）に第三者が手を差しのべ、そうした苦痛を軽減し困難を解決できるように援助する」[5]といった意味になる。それだけに「お節介」や「干渉」を連想させるような「介入」は訳語として不適切であり、「インターベンション」というカタカナ表示を使う方がよいとの意見もある。あるいは臨床教育学では、「手を差しのべ」る意味だとしても、単なる「参加」を超えた、より積極的な「参画」と訳されている場合もある。[6]ただ、「インターベンション」をこれまで多用してきた臨床社会学やコミュニティ心理学、ソーシャルワークの領域では「介入」という訳語が定着しているので、ここではとりあえず「介入」という訳語を使用する。私自身の用語法については後述したい。

「介入」の意味内容は実に幅広い。基本的には個人や人々ないし集団あるいは組織に対して、さまざまな役割をもつ介入的実践者が問題解決のために変化を生じさせる意図的なはたらきかけである。そのなかでもよく取り上げられるのが、緊急に平衡状態を回復しなければならない「危機介入」（crisis intervention）のケースである。ここで「危機」とは大きな変化に見舞われた不安定状態が回復の方向に向かうのか向かわないのかの分岐点を指している。[7]また危機介入は他方ではそうした危機に陥らないよ

[5] 安藤延男（2009）『コミュニティ心理学への招待――基礎・展開・実践』新曜社、12頁。

[6] 庄井良信（2002）「臨床教育学の研究方法論・探訪」小林剛・皇紀夫・田中孝彦共編『臨床教育学序説』柏書房、68頁。

[7] 「危機」（crisis）の語源であるギリシャ語「クリシス」（KRISIS）が当時の医学で「分利」（病気が良くなるか悪くなるかの分かれ道）を意味していたことに由来する。

うに予防するための役目も担っている。

危機介入と危機予防介入の例としてしばしば挙げられるのが、学校の安全や安定を脅かすさまざまな危機である。具体的には、校内暴力（構内銃乱射も含む）や不法侵入などの犯罪、地震や暴風雨などの自然災害、ＡＩＤＳ、ドラッグ汚染、生徒の自殺、子どもの虐待、親の離婚・死別などによって引き起こされた急激な精神的ショックに対して、時間経過に伴って多様な心理的サポートを施していくことが危機介入の主たる課題であり、そうした危機に陥らないためにはどうするかについて予防策を講じるのが危機予防介入の課題となる。[8]

その一方では、ある組織が抱えた問題の解決を目指して、かなり長期にわたる参画的はたらきかけによって新たな組織文化を創造するような介入がある。[9] そこで、介入の目的と対象の分類軸を組み合わせてみると、図Ⅲ-1のように介入の四つの諸形態を区分できる。これらの区分を分かりやすくするために、かつ学校臨床社会学の文脈に引きつけられるように、それぞれの具体例を添えておこう。

〔介入Ａ〕児童虐待の子どもの安全確保と保護者の援助。〔介入Ｂ〕校内暴力の学校秩序回復と子ども・教員・保護者の援助。〔介入Ｃ〕学力低下の原因究明と学力向上プラン策定。〔介入Ｄ〕地域に対する開放的学校経営の開発。

「介入」過程で強調されるのは、クライエントとの相互作用によって問題解決に向けて前進がはかられていく点である。応用社会学の「応用」過程では社会学的知見が

［8］Pitcher, G. D. & Poland, S. (1992) ***Crisis Intervention in the Schools***, The Guilford Press.（上地安昭・中野真寿美共訳（２０００）『学校の危機介入』金剛出版）。
OECD (2005) *School Safety and Security: Lessons in Danger*. OECD.（立田慶裕監訳（２００５）『学校の安全と危機管理――世界の事例と教訓に学ぶ』明石書店）。

［9］安藤延男編（１９７９）『コミュニティ心理学への道』新曜社。
山本和郎・原裕視・箕口雅博・久田満共編（１９９５）『臨床・コミュニティ心理学――臨床心理学的地域援助の基礎知識』ミネルヴァ書房。
安藤延男（２００９）前掲書。

いかに有効に実践に適用されるかが重視されるが、臨床社会学ではクライエントが自ら解決に向かうための諸選択をサポートすることが重視される。こうした「介入」過程への注目は、客観的調査研究と問題解決の実践的研究との緊張関係を調整するためのものと言えるが、逆に両者がまったく切り離されて遊離することも、臨床社会学だけでなく実証社会学を停滞させることになるだろう。実践的参加は社会改良的意義ばかりでなく、現実をいっそう深く観察する方法となり、社会学的研究成果を充実させる手掛かりになるからである。

そして、「インターベンション」を「介入」と訳してしまうと、〔介入Ａ・Ｂ〕のような危機状況を打開するための緊急措置のニュアンスが強くなる。もちろん、〔介入Ｃ・Ｄ〕も含めた「介入」として広義に使ってもよいのだが、やはり〔介入Ｃ・Ｄ〕の局面を「参画」として強調するために、また「お節介」といったニュアンスで受け止められないために、そしてコミュニティ心理学の「介入」と区別するためにも、学校臨床社会学では「介入参画」という意訳語を今後は用いることにしたい。ただし、この意訳語は「介入」と「参画」を単に並置したものではない。「危機介入」が「参画」に発展することもあるし、日頃の「参画」が「危機予防介入」になる場合もあるだろうから、あくまで「インターベンション」を総合的に広く捉えることが「介入参画」と意訳した趣旨である。

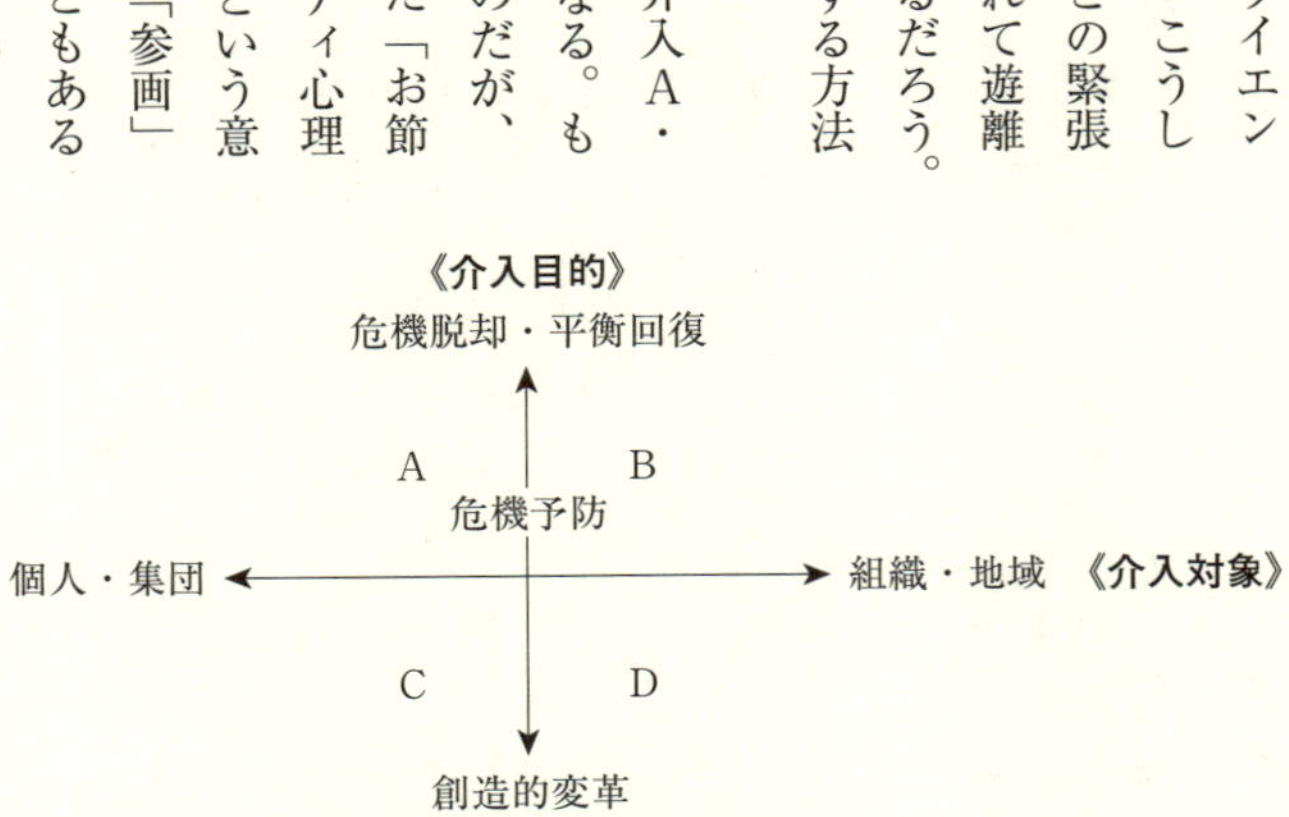

図Ⅲ-1　介入の目的と対象

18 学校臨床社会学の臨床レベル

問題の解明から問題解決へ

さて、日本の臨床社会学の動向を眺めると、「α 特定の社会問題について収集した諸資料を用いながら、社会学理論を駆使して解明することに力点を置く研究」と「β 特定の社会問題の解明だけでなく、実践的な『介入参画』によって問題解決をめざすことに力点を置く研究」との二つの流儀を区別することができる。αが客観的で理論的解明を重視する広義の臨床社会学であるとすれば[1]、社会問題打開のための実践的手法をとる研究βは狭義の臨床社会学として位置づけられよう[2]。

ただし、研究の流儀としてα・βの二つだけを区分してしまうと、両者は性格を異にするかけ離れた研究分野となってしまう恐れがある。そこでα・βを総合的に捉えるために、「介入参画」の程度を「臨床レベル」として分類してみよう。つまり「介入参画」を伴わない浅いレベルのαと「介入参画」を伴う深いレベルのβ、さらにその中間形態のやや深い研究として、具体的な社会問題を当事者に即しながら解明するような臨床レベルを合わせて三つの分類を設定することができる。この三分類はそのまま学校臨床社会学にも適用することができる。そうすると〔学校〕臨床社会学の臨

［1］たとえば、大村英昭編（2000）『臨床社会学を学ぶ人のために』世界思想社。

［2］たとえば、畠中宗一編（2000）『臨床社会学の展開』〔現代のエスプリ393〕至文堂、4月号。

井上眞理子（2000）「政策現場の臨床社会学」大村英昭・野口裕二共編『臨床社会学のすすめ』有斐閣。

床レベルは表Ⅲ-1に示すように、X・Y・Zの三つになる。αはXレベルに、βはZレベルに、その中間としてのαの変形はYレベルに、それぞれ属する研究となる。各レベルについてさらに説明していこう。

臨床レベルXは社会問題をごく一般的に解明する基礎作業で、社会問題の社会学ないし社会病理学の対象や方法とほぼ等しく、それを現代的な「臨床」の用語で刷新したものと言える。クライエントとの関係はあまりなく「介入参画」もない。学校の諸問題を取り上げる場合も、学校は〔研究対象化〕されるだけである。

臨床レベルYは社会問題の社会学のミクロな質的研究法だと言え、近年盛んな社会学分野であり、しばしば実践場面とも結びつくので大学（院）生の間でも人気がある。クライエントとの関係を形成し、個別の組織などに〔参加〕（participation）するかたちで観察やインタビューをおこない、エスノグラフィーにまで発展する方法をとるが、十分な「介入参画」までは至らない。

臨床レベルZは、「介入参画」プロセスを核にした本格的な臨床的研究である。クライエントとの協働関係を通じて、当該組織などが抱えた問題の解明と解決のための「介入参画」プログラム策定とその実行、そして評価をおこなう。単なる〔参加〕ではなくて、より組織内部への〔参画〕

表Ⅲ-1　〔学校〕臨床社会学における臨床レベル

臨床レベル	臨床の意味	主要な方法	介入参画
X	社会問題の一般的解明	統計資料分析 大量サンプリング によるアンケート	無 〔研究対象化〕
Y	当事者に即した 個別社会問題の解明	参与観察 インタビュー エスノグラフィー	部分的 〔参加〕
Z	当事者に即した 個別社会問題の解明と処方	協働関係に基づく「介入参画」による問題解決	全面的 〔参画〕

(involvement) と言える。

以上のように、Xレベルは広義の臨床社会学に、Yレベルは狭義の臨床社会学に、Zレベルは最狭義の臨床社会学に相当する。ただしここで、Zレベルこそ重要でXレベルはそれほど重要ではないと言っているのではない。そうではなくて、Xレベルの研究はYレベルの調査研究やZレベルの実践的研究を強化し、Y・Z各レベルの研究はXレベルの研究に新たな知見をもたらすに違いないから、臨床社会学は最狭義と狭義そして広義の全体が総合されて豊かになっていくと考えられる。

19　日本の学校臨床社会学と臨床レベル

未開拓の「介入参画」法

アメリカで「学校臨床社会学」は特に独立的にそう呼ばれるわけではなく、あくまで応用社会学のなかの臨床社会学に含まれるが、日本では２０００年代に入ってから「学校臨床社会学」や「教育臨床の社会学」という名称で学校の臨床的研究がしばしば論じられるようになった。数少ない先行研究のうち、『学校臨床社会学』という書名の二種類の放送大学テキストと日本教育社会学会が取り組んだ『教育社会学研究〈特集・教育臨床の社会学〉』を取り上げてみたい。[1] 実にさまざまな教育問題（いじめ、不登校、非行、カリキュラムと学力、マイノリティなど）を対象にしながら、個人心理の臨床ではなく、社会学的知見に基づく解明と解決処方が「臨床」の名の下にまとまって検討された最初の諸成果である。

わが国でもっとも早く包括的に論じられた『学校臨床社会学』（２００３年）のなかで、学校社会学の立場からフィールドワークを重ねてきた志水宏吉は次のように論じている。「学校臨床社会学は、学校社会学・学校臨床学・臨床社会学という三つの学問的潮流が合わさったもの」で、「学校を舞台として生じるさまざまな問題に、臨床

［1］苅谷剛彦・志水宏吉共編著（２００３）『学校臨床社会学』放送大学教育振興会。

酒井朗編著（２００７）『新訂　学校臨床社会学』放送大学教育振興会。

日本教育社会学会編（２００４）『教育社会学研究〈特集・教育臨床の社会学〉』74集、東洋館出版社。

的なスタンスで、社会学的にアプローチする学問」である。「臨床的なスタンス」とは第一に「現場に根ざし」、第二に「問題解決をめざす」という両面を指す。[2] そして、この最初のテキストは「臨床レベル」（表Ⅲ-1）で言えば、レベルYへの言及もあるが、全体としてはレベルXを中心に、教育問題の社会学という色彩が強くなっている。

次に、4年後に刊行された『新訂　学校臨床社会学』（2007年）の冒頭で、編著者の酒井朗は学校臨床社会学のねらいを次のように定めた。

「学校臨床社会学は、社会学的な視点や方法論をもって、学校の場に潜む諸問題の解決や課題への対応を追及し、あるいはそこに潜む様々な葛藤や矛盾に光をあてて、その困難を共感的に理解しようとする姿勢をもつものである。そこで目指されているのは、学校で実際に指導に当たられている先生方や学校経営に当たられている管理職の先生方や地域の教育制度全体を統括する教育委員会の方々との対話である。その対話を通じて、我々研究者自身もこれまでの学問の在り方やそこでの分析の内容や方法を反省していこうと強く願っている。[3]」

この引用箇所の前半部分は臨床レベルX・Yに関わる。そして後半部分ではクライエントと研究者の関係を掘り下げようとしており、レベルZに関わる重要なねらいが込められている。とはいえ、日本の学校臨床社会学の先行研究を全体として見ると、レベルXとYに関する研究が中心で、Zレベルの関心と取り組みが弱いことに気づく。『教育社会学研究〈特集・教育臨床の社会学〉』（2004年）も全体にそうした傾向が

[2] 苅谷剛彦・志水宏吉共編著（2003）前掲書、第1章。

[3] 酒井朗編著（2007）前掲書、4頁。

見られるが、なかには少しでも「介入参画」に触れた論文があるので、それらに注目しておきたい。

まず、紅林伸幸「教師支援における『臨床的な教育社会学』の有効性」の結びでは、次のように「観察」から「参画」への提言が述べられる。

「教育社会学の研究者は、現場と実践の観察者として自身を規定することで、学校、教師、児童生徒にとってのストレンジャーとなってしまった……しかし、『臨床の知』によるパラダイム転換を通して、ストレンジャー的関係から抜け出し、新しい関係性の下での支援の可能性が拓かれつつある。それは観察する主体から、参画する主体への転換を意味している。[4]」

また、住田正樹「子どもの居場所と臨床教育社会学」は介入の方法について正面から論じていて、そこで探られるのは「クライエントである」子どもの「居場所」のなかに実践者でもある研究者がいかに介入するかである。

「研究者／実践者も初めは子どもに対して外的観察者の立場をとる。子どもを観察し、語るきっかけをつくり、そしてその対話の過程で子どもの内的世界に入る手掛かりを探るわけである。子どもの内的世界に入れば、治療者として子どもと密接に情緒的調和を持ちつつ、その価値観と価値規範・事実認識の枠組を探り、それが過去および現在の、どのような社会的文脈から産み出され、変遷してきたものなのかを理解しようとする。[5]」

[4]『教育社会学研究〈特集・教育臨床の社会学〉』74集、70頁。

[5]『教育社会学研究〈特集・教育臨床の社会学〉』74集、105頁。

なお、学校臨床社会学と「介入参画」という論点に合致する別の研究として、高校での進学支援に取り組んだ実践的研究書を挙げておこう[6]。この「教育臨床社会学」的研究は「学校の教職員と協働して、現場が抱える種々の問題に取り組むなかで、教育や指導に関する新しい知を生み出すこと」を目的としている。それだけに、大学と個別の高校との本格的な協働作業であり、レベルZに相当する挑戦的取り組みとなっている。入試偏差値が低く、学習意欲が弱くて中途退学者が多いという、ある商業高校から大学研究者側に依頼があり、大学生ボランティアが２０００年度から進路選択支援プロジェクトに参画するようになった。それから６年ほどの間に商業高校生の進路選択「過程」の実態が浮き上がるとともに、支援による変容過程が明らかになった。支援活動を通じた学生ボランティアの「学びと成長」が一章を割いて報告されているが、学校組織文化の変容をめぐる教師と研究者との諸関係についても詳しい内容を知りたいところである。

［6］酒井朗編著（２００７）『進学支援の教育臨床社会学――商業高校におけるアクションリサーチ』勁草書房。

20　研究目的

改めて学校臨床社会学の研究目的について、研究内容にも触れながらさらに細かく示すと以下の五点になる。

①何よりもまず、学校教育をめぐる個々の社会問題と人々の諸行動に関する実態や意識を幅広く把握して客観的にその問題を解明することである。

②次に、各社会問題が発生した社会的背景を探ることが課題となる。たとえば、１９８０年代の教育荒廃の背景には、１９７０年代半ば以降に生じた時代社会の大きな構造的転換があったことを見落とすことができない。各社会問題の現象の背後にある社会構造にまで目を向けていくことに学校臨床社会学の任務がある。

以上二つの課題は、特に社会問題に焦点を合わせている点を除けば、これまでの教育社会学や学校社会学の目的とほぼ同様であるが、臨床という視角をとる以上は以下の二つの課題が追加される。

③学校教育問題には、園児・児童・生徒・学生そして教師諸個人の心身の異常を伴いがちなので、心身の病理そのものを直接に対象とする臨床心理学や精神医学による

個体的・病理的・治療的アプローチが主流である。しかし、学校臨床社会学はむしろ個体を取り巻く学校組織環境をはじめ社会環境・情報環境そして時代背景に注目して問題解決のための環境的条件を検討する。

④臨床レベルＹ・Ｚにおいては、臨床の場を構成する人間同士の関係にも着目する。臨床社会学からすれば、研究者も含む臨床の対人関係を対象化して客観的に描き出す必要があるからである。その中核が教師と研究者との関係である。

⑤以上四つの課題の追求を通じて達成すべき最終的な目的は以下のようになる。つまり、個々の学校の弱まった教育力を取りもどす（あるいは硬直化した学校が青少年に及ぼす過度の拘束力を解消する）ことに寄与することによって、教育荒廃状況から抜け出し、あるいは教育荒廃状況に陥らないように予防し、学校に対する人々の信頼感を回復することである。それは、志水宏吉らと共に「力のある学校」をめざすこととも重なる。[1] 換言すれば学校のエンパワーメントであると言える。ここで「エンパワーメント」（empowerment）と呼んだのは、何らかの問題が障害となって人間や組織に本来備わった力が低下しているので、その問題を明らかにして解決に向かうなかで内なる力を取りもどすという意味である。[2]

もちろん、学校教育問題の解決は個々の学校改善・改革だけでは限界があり、国の政策が改革され、学校を支える諸条件（たとえば学級規模や教員定数など）が変わらないと不可能であるという意見が出されるのは当然であり、条件整備は不可欠である。

［1］志水宏吉編（２００９）『「力のある学校」の探究』大阪大学出版会、第３章。

［2］「エンパワーメント」の中心的意味は外部から力を与えるというより、むしろ人間の潜在的能力が発現するように支援することである。Ｖ部【研究事例3】《A課題設定》を参照。

しかし実際には、国の教育政策にだけ期待して、目の前の個々の学校問題に取り組まないということにはならない。子どもたちにとって益あることは何かを絶えず追求するのが学校の実践的使命だからである。

それに、昨今の教育改革の動向を見ても明らかなように、あまりにも目まぐるしく変わる教育政策そのものが果たして適切であるかという根本問題があるし、そうした次々に移ろう教育改革に翻弄されるだけで本来の教育実践がおろそかになるようでは、学校のエンパワーメントが達成できるはずはない。

21　研究対象の捉え方

調査研究「倫理」の第一歩

　さて、研究を開始するときに、研究者が研究対象者をどう捉えるかという基本問題は単なる調査技術を超えて、調査研究にとって倫理に関わるテーマである。近年、調査研究の「倫理」（ethics）が意識されるようになった。その倫理とは調査にとっての「都合」ではなくて、調査に関与する人々にとって「何が正しいか」、調査者の「義務と責任」は何か、という道徳を問うことである。[1] それに、臨床という視点に立つのであれば、倫理問題は否が応でも問われてくる。調査に関する具体的内容は「Ⅳ　学校臨床社会学の方法」で論じるが、この基本問題については本項で先に触れておきたい。

　最近では調査対象者を指すことばが吟味されるようになった。これまで対象者は「被調査者」（subject 心理学では「被験者」）と受け身的に呼ばれていたが、それは「モノ」（things）と同じような意味で否定的なニュアンスをもつ。今では対象者の自発性や調査に関する情報開示が調査対象者に十分におこなわれているという意味を含めて、「調査参加者または調査協力者」（participant）という用語が慎重に選ばれるようになっている。[2]

［1］May, T.（2001）*Social Research: Issues, Methods and Process*. 3rd ed., Open University Press.（中野正大監訳（２００５）『社会調査の考え方――論点と方法』世界思想社、第3章）。

　Payne, G. & Payne, J.（2004）*Key Concepts in Social Research*. Sage Publications.（高坂健次他訳（２００８）『ソーシャルリサーチ』新曜社、「倫理実践」）。

　また、人間行動研究に関する倫理の諸事項については、英米の学会では１９９０年前後の時期から、日本では２０００年代以降になってから「倫理綱領」（code of ethics）が作成されており、関連学会のホームページに掲載されている。

［2］Merriam, S. B.（1998）*Qualitative Research and Case Study Application in Education*. Revised & Expanded ed., John Wiley & Sons.（堀薫夫・久保

また、文化人類学のフィールドワークでは「情報提供者」ないし「インフォーマント」(informant)と呼ばれる。臨床心理では「来談者」とか「依頼者」(client)という用語が使用される。そこで、臨床社会学では個人の治療的観点ではない組織背景の調査研究的観点から、心身の異常を伴うような悩みから一般的な社会問題としての個々の問題までの解決を依頼する対象者として「クライエント」とカタカナ表記することが多い。同様に、社会問題に関してさまざまな情報を提供してくれる役割を指す場合には、「インフォーマント」とカタカナ表記で一般的に使われる。

こうした呼び方で重要なことは、調査対象者と調査研究者とが対等の立場にあるという認識である。研究者が陥りがちであった研究者の超越性を払拭して、調査対象者への敬意の念を込めることである。盛山和夫も『社会調査入門』の冒頭で、学問の倫理としての「学術研究の特権性の否定」について次のように述べている。

「社会調査もかつては学術と研究の特権性を前提にしていた。……調査する研究者は、調査対象である社会とそこで暮らす人々とは別世界に住む超越的な観察者であり、研究者が属する共同体は対象となっている共同体の側からは近づきえないものだという構図があった。……今日、このような見方はもはや成り立たない。根本的に重要なことは、調査者と対象者とは同じ世界に住み、同じ共同体を構成する対等の人々だということである。[3]」

この「対等」という点について、佐藤郁哉は『フィールドワークの技法』のなかで、

真人・成島美弥共訳（２００４）『質的調査法入門――教育における調査法とケース・スタディ』ミネルヴァ書房、１９５頁）。

[3] 盛山和夫（２００４）『社会調査入門』有斐閣、14-16頁。

フィールドワーカーとしてさらに一歩踏み込んだ説明をしている。

> 「フィールドワークを通して生きた知識を身につけ、また価値のある情報を入手するためには、現地の人々とのあいだに友好的な人間関係と信頼関係、すなわちラポールを築きあげていかなければなりません。ことばをかえて言えば、現地のインフォーマントとのあいだに単なる『顔見知り』という範囲を超えた友人関係を形成していかなければならないのです。[4]」

つまり、量的・質的いずれの調査研究でも、研究対象とする人たちとの関係は基本的に「対等」であり、とりわけ質的なフィールドワークでは「友人」のような友好的な個別関係が要請されるわけである。[5]

[4] 佐藤郁哉（2002）『フィールドワークの技法――問いを育てる、仮説をきたえる』新曜社、59頁。

[5] フランス語に由来する「ラポール」（rapport）は、友好そして信頼の関係を指し、社会調査では基礎的技法の一つであるが、ラポールが過度になっても調査にバイアスがかかることにも留意すべきである。

22　学校と研究者との関係

以上の「対等関係」を念頭に置いたうえで、学校と研究者との関係についてさらに検討しよう。ここで学校とは、すべての教員と子ども、保護者を含む学校組織全体を指している。研究者とは大学の研究者だけでなく、学校を訪問調査する大学（院）生や、大学以外の訪問調査する者も含めた全体を指している。そこで、学校と研究者の関係について二点にわたって述べていきたい。

(1) 臨床の場の成立

学校臨床社会学にとって臨床の場が成立するには、学校が外部の研究者の協力を求めるかどうかということがある。学校は外部の協力を得ることを躊躇したり、最初から考慮しないことがあるからである。何らかの問題を抱えたときには、近隣の学校や教師仲間、教育委員会事務局（指導主事など）といった学校教育関連機関の助けを借りる方が手っ取り早いという事情のほかに、下記のようないくつかの理由が考えられる。

①学校が抱えた問題は学校内で解決するのが学校本来の任務であり、教師の専門性を発揮することであると考える。

②あるいは、問題を抱えること自体が学校の不名誉であり、周囲には知られたくないと当該学校内で処理するという防衛的な姿勢をついとってしまう。

③現在の学校の組織と運営に慣れているから、部外者が入ってくることで生じるかもしれない新たな変化を求めない。組織の変化に対して組織内部で抵抗が生じるのは、学校だけでなくあらゆる組織に共通する特性であることは組織社会学や組織経営論の一般的知見である。

④外部の協力を求めるか否かというよりも前に、外部研究者の協力を得るという方法そのものや外部研究者についての知識がない。

⑤他方、外部研究者の方に理由がある場合もある。たとえば、外部研究者が日頃から学校と接触しておらず、その存在が学校側に知られていない。また、存在は知られていても、「介入参画」といった方法でどう学校と関わることになるのか、「介入参画」で学校にどのような利益がもたらされるのかなどについて、外部研究者自身による学校への情報発信ができていない。

以上に対して、学校が外部研究者の協力を得ようとする理由は以下のようである。

㋐学校が抱えた問題が深刻であり、外部研究者の協力なくしては状況を打開できないと判断する。

㋑外部研究者の協力を得て問題を解決しようとすることが学校のエンパワーメントにとって不可欠であり、学校を開放する一つの方途でもあると考える。

㋒しかも、外部研究者の活動を日頃から知っていて信頼を感じているとともに、その関わりの成果について、一定の期待を抱いている。

したがって、上記①〜⑤の消極的である理由のいずれかが後退し、㋐〜㋒の積極的である理由のいずれかが前面に出てきたときに、臨床の場が成立しやすくなるだろう。とはいえ、消極的諸理由が根強い現実のなかでは、学校が外部研究者の協力を積極的に得ようとすることは実際にはそれほど多くない。そこで、研究者は何らかの関係がある学校に依頼して学術研究として調査を実施することになりがちだから、臨床レベルX・Yの研究に偏りがちとなる。しかし、学校のエンパワーメントを考えるなら、㋐〜㋒の積極的理由が前面に出て、臨床レベルZの研究が増えていくことが求められる。

(2) 研究者の役割

文化人類学のフィールドワークでは、研究者と調査対象者の距離がどれくらいであるかという観点から、研究者の役割モデルを類別することがある[1]。対象者との関係をもたない「完全なる観察者」、一度だけ現地を訪れてインタビューやアンケート調査をおこなうような「参加者としての観察者」、現地の準メンバーとして調査もおこな

[1] 佐藤郁哉(2002)『フィールドワークの技法――問いを育てる、仮説をきたえる』新曜社、69-70頁。

う「観察者としての参加者」（いわゆる参与観察法）、現地に入り込んで知られずに密かに調査する「完全なる参加者」の四タイプである。

この理念型的な類別を当てはめると、学校臨床社会学の臨床レベルY・Zでの研究者の役割は「観察者としての参加者」に相当し、観察や参加が学校のどの活動に関わるかで研究者が果たす臨床的役割にいくつかの相違が生まれる。①学校経営全体についての助言者、②校内研修での助言者、③個別の実践課題についての助言者、④一定のクラスでの助言者。

ここで「助言者」というのは「介入参画」過程の諸局面で、教員だけでなく児童生徒・保護者も含めた学校構成員に対して気軽に話す感想から、まとまった意見や提言を述べる幅広い助言までを担う役割を指している。しかも、四つの助言者役割は学校から正式に招請されて学校組織内に位置づけられたものか〔A〕、あるいはボランティア的な位置づけか〔B〕、あるいは学校側から講師謝金および（ないし）旅費が支払われるものか〔c〕、支払われないものか〔d〕など、役割遂行の形態は多様である。

どちらかというと、〔Ac〕の形態では学校によって役割内容が規定されていて参与期間は一時的であることが多い。代表的なものは研究指定校の指導講師や校内研修の単発的な講師役割である。この役割では学校内での研究者の地位・役割が明確であり、倫理問題もそれほど生じない。ただし、参与形態の枠組みが学校によって与えられているので、研究者としての研究意図を十分に展開できないという弱点がある。
　これに対して、〔Ｂｄ〕の形態では地位・役割とも学校側から与えられていないだけに明確でない性格をもつが、それだけに役割内容は研究者の意図が生かされやすく参与期間も長いという特徴をもち、学校臨床社会学をいっそう追究しやすい形態だと言える。ただし倫理上の課題が大きく問われてくる。[2]

　ところで、①〜④の臨床的役割を見ると、それらは教育委員会の指導主事が日常的に果たしているものと形式的に重なっている。では、外部研究者の役割遂行は指導主事と実際にはどのように違うのだろうか。

　教師でもある指導主事はどちらかといえば実践レベルの助言に終止しがちであるのに対して、研究者は一方では問題を幅広い観点から解明し、学校現場でそれまで思いつかなかったような新たな発想法や視点、枠組み、概念などを含む提言をおこなって、その学校の背後に潜む組織文化の改革に寄与するとともに、他方では臨床の場で得た知見をできるだけ一般化して学術研究の世界へ還元するという役割上の違いがあるだろう。

〔2〕Ｖ部で取り上げる三つの研究事例で言えば、【研究事例1】は③役割の〔Ｂｄ〕から〔Ａｄ〕に至った形態、【研究事例2】は①②役割の〔Ａｃ〕から〔Ａｄ〕そして③役割の〔Ｂｄ〕への移行、【研究事例3】は②役割の〔Ａｃ〕から③役割の〔Ａｄ〕に至った形態である。

23　互恵性の関係

ギブ・アンド・テイクの態度

学校が学校臨床社会学の研究にとって臨床の場になりにくい諸原因を少しでも除去するには、対象者と研究者との「対等関係」を確認するだけではなく、「互恵性」の追求が重要である。調査の方法論が未だ整ったかたちで論じられていなかった１９６０年代半ばに、素朴な表現ながら互恵性の重要性を早くも指摘したのは民俗学の宮本常一であった。彼は調査のお返しの必要性について何度も強調した。

「調査にいっては奪うばかりでなく、与えるものがなければならぬ。ギブ・アンド・テイクは調査の場合の一つの鉄則である。……誰かが民俗調査をしたあとを訪れた場合、その調査についての不平を聞くことが多い。ただ相手から奪うだけで、精神的に何もお返ししていない人が多いようである。[1]」

ここで述べられている「お返し」あるいは「与えるもの」は、アンケート調査でお礼として進呈する文具類などの粗品や文化人類学でのインタビュー対象者に支払う時給を指しているのではない。地元の生活について資料を提供してもらったことに対して、調査者の特技を生かすなどして村の生活に役立つような技術の紹介をしたり、生

[1] 宮本常一（１９８６）『旅に学ぶ』（宮本常一著作集31）未来社、69-70頁。（初出「旅行のうちに」『民俗学のすすめ――日本の民俗11』河出書房新社、１９６５年）。

活情報を話したりして「精神的」にお礼の「態度」を示すことである。つまり「相手が同じ仲間として迎えてくれるのでなければ、絶対によい調査はできない[2]」。

そうした関係のことをフィールド研究では「互恵性または互酬性」（reciprocity または reciprocal benefits）と呼んできた。「信頼」や「互恵」については、文化人類学の高橋順一もフィールド研究での倫理の問題という視点から同様に論じている。

「（フィールド研究における研究者とインフォーマントとの間で）協力的な関係を長く維持していくために、忘れてはならない原則が一つある。それは互恵（reciprocity）ということである。より正確には均衡互恵（balanced reciprocity）とよばれるもので、基本的に同等の地位にある者同士の間で行われるほぼ等価の物品やサービス、または名誉や安心などの心的・象徴的なものの交換を指す。……金銭や物品は、インフォーマントが提供した情報に対する購入代価ではなく、インフォーマントから与えられた善意やサービスに対する返礼であり、均衡互恵を守って友好的な人間関係を維持継続するための義務の遂行なのである[3]。」

では、学校臨床社会学的調査で教師から「同じ仲間」と感じてもらい、学校と「互恵」関係を維持するためには、学校が抱える問題の解決に向けて研究者として貢献する態度を示すことが必要であろう。そのためには実践的調査は少なくとも半年ないし1年以上の期間がかかるであろうし、調査過程の諸局面では学校側から求められるか否かを問わずに、研究者からさまざまな「助言」が生まれるはずである。

[2] 同右書、69頁。

[3] 高橋順一（１９９８）「フィールド研究におけるインタビュー」高橋順一・渡辺文夫・大渕憲一共編著『人間科学研究法ハンドブック』ナカニシヤ出版、１４０頁。

ところで、この「助言」について確認しておきたいことがある。それは、コミュニティ心理学が強調する「学校コンサルテーション」とどう違うのかという点である。安藤延男によれば、コミュニティ心理学にとって不可欠の手法である介入の重要な一領域を成す「コンサルテーション」(consultation)とは、専門的な職業を遂行するうえで直面した困難な問題の克服に向けて、他の専門職が助言などの支援で応えることである。支援を求める専門職が「コンサルティ」、支援をする専門職が「コンサルタント」で、両者は対等の関係にある。この関係について安藤が指摘する諸特徴を私なりに再整理すると、次のようになる[4]。

①コンサルタントは心理臨床家を中心とする部外者である。②コンサルテーション関係は自由意志に基づく。③コンサルタントの助言の採否はコンサルティの自己決定に委ねられる。④コンサルティのメンタルな面での治療はおこなわない。⑤あくまでも課題(問題)が中心である。⑥コンサルテーション関係には時間制限がある。⑦コンサルテーション過程は、〈開始―問題の明確化―取りうる諸実践の分析―理解または実践に対する障害への対処―活動と効果に関する評価―終結〉の各段階を経る。⑧学校コンサルテーションは、何らかの問題を抱えた教師に対する支援である。

以上の諸特徴を眺めると、コンサルテーションは専門職同士の関係とはいえ、個人に対するカウンセリングの方法の延長上にあることが分かる。それはあくまで教師に対する助言過程である。これに対して、学校臨床社会学では教師への助言も当然おこ

[4] 安藤延男(2009)『コミュニティ心理学への招待――基礎・展開・実践』新曜社、第13章。

なうが、児童生徒や保護者への助言もありうるし、研究の主眼はむしろそうした助言に至るまでの諸作業にこそあると言ってよい。

　教師から相談される「問題ないし課題」が社会問題である場合、その社会問題に関して国内や海外の先行研究の検討をはじめ、その問題をめぐる当該学校の査定として、その実態に関する各種調査や、これまでの教師の対処方針や実践についての考察、さらに当該学校に即した問題設定の再検討などが不可欠になる。そして研究者の「介入参画」による学校の変化過程の追跡と評価などの包括的な取り組みが学校臨床社会学の作業である。限定された時間内でおこなう個別のコンサルテーションといった形式は設定せず、教師や児童生徒そして保護者との対話もさまざまな場で展開される。「問題（課題）」の解決主体はあくまで学校教師であるが、研究者も「問題（課題）」を共有して解決に向かう協働体制に参画するのが学校臨床社会学の立場である。

　組織文化の変革に注目したシャインは、変革過程で臨床的知見を提供する役割を「教育的介入」（educational intervention）における「助言者」（consultant）と呼び、組織文化変革にとって助言者役割が不可欠であると論じた。[5] そうすると、学校臨床社会学研究者がおこなう「助言」は「学校コンサルテーション」の意味ではなく、シャインの言う組織文化変革に寄与する「教育的介入」としての「助言者」役割と重なることが分かる。

[5] E・H・シャイン／清水紀彦・浜田幸雄共訳（１９８９）『組織文化とリーダーシップ』ダイヤモンド社、27-29頁。

【コラム④】教師と教員という二つのアプローチ

教えることを仕事とする者を「教師」あるいは「教員」と呼ぶ。本書にもそうした箇所があるように、文章の流れのなかでこの二語は同じ意味として互換的に使われることがある。しかし、「家庭教師」とは言っても「家庭教員」とは言わないように、両者には基本的な相違があることに着目したい。二つの相違点が考えられる。

①「教師」では教える専門的職業とか授業場面で子どもに相対する指導者という意味に力点があるのに対して、「教員」では学校組織の一員という意味に力点がある。端的に言えば、職業カテゴリーまたは個人としての側面から捉えるのが「教師」で、学校の組織成員の側面から捉えるのが「教員」である。

②「教師」は理念的に使うことが多いのに対して、「教員」は現実の実態を指して使うことが多い。たとえば、理想的な「教師」をめざしながら、実際の「教員」として学校組織の職務上の諸制約があって夢を果たせない、というように。

もちろん、①と②は教師を考えるうえで見落とせない両側面であるが、「教員」に示される組織的で集団的なアプローチよりも、「教師」に示される個人的で理念的なアプローチに基づいて議論する一般的傾向が強い。その具体例を一つ挙げよう。１９９０年代後半から「こころを病む教師」として大きな関心を集めている教員のストレスないし重症のバーンアウト（燃え尽き症候群）問題である。この臨床的問題については、いかに教師個人が強いストレスを受けているか、ストレスの原因（ストレッサー）は何か、バーンアウトの治療はどうすればよいか、といった個人的アプローチが主流である。それに対して、組織的で集団的なアプローチに基づけばどのような議論になるか。

「同僚教員間連携」（一般に「同僚性」、以下「教員間連携」）に着目して、私たちが小・中学校教員を対象に実施したアンケート調査によると、「教員間連携」がストレスの緩衝装置としてはたらくという結果が得られた[1]。もともと学校現場で「教師」と「教員」の狭間で緊張や葛藤にさらされる教師に近年ストレスが高まっているとすれば、相次ぐ教育改革などによる環境変化がストレッサーになっているだけでなく、緩衝装置である「教員間連携」が弱体化しているのではないかという仮説が成り立つ。つまり教員ストレスは決して教師個人の心理的問題ではなく、学校組織の問題という見方である。

１９８０年前後から教員ストレス研究が始まったイギリスでも、学校の組織構造からストレス問題に接近した研究がある[2]。トローマンとウッズらの研究チームによる小学校教員のインタビュー調査によれば、学校にはバーンアウト程度の高い学校と低い学校が区別でき、両学校間には組織上の相違が認められる。前者の特徴はヒエラルヒー的な組織構造で、教育目標は学力の数値目標達成に置かれており、教員は教員集団として活動しにくい。これに対して後者は学校組織が柔軟で、教員は教員集団のなかで互いに教え合い、教員同士に一体感が強く、互いに信頼感がみなぎっている。そこで、両タイプを比較した結果、教員ストレスを防止する方法は、教員が孤立化に陥るような個人主義から脱し、協同作業を通して協働関係の構築を目指すことであると結論づけている。この結論は日本の教員ストレスについて学校臨床社会学的に考えるうえで示唆に富む。

［1］１９９９年夏に愛知県内公立小・中学校教員を対象に実施。有効回答数９１６（小学校５４７＋中学校３５８、回数率93・5％）で、ストレス程度が高位・中位・低位の三つの教師群に分けて、それぞれの教職生活の特徴について分析した。詳細な報告は、今津孝次郎・田川隆博（２００１）「教員ストレスと教員間連携」『名古屋大学大学院教育発達科学研究科紀要（教育科学）』第47巻第2号（これは「臨床レベルX」に属する調査研究である）。

［2］Troman, G. & Woods, P. (2001) *Primary Teachers' Stress*, Routledge Falmer, chap. 6.

Ⅳ　学校臨床社会学の方法

体育の授業

5年生．体育館でマット運動

24　研究手順の五段階

「介入参画」の過程

次に研究方法について検討しよう。Ⅱ部で引用したラザースフェルドらの「応用社会学」の「応用」過程の6段階のうち、第2・3段階を「事前診断と介入参加計画」に統合して全体を5段階とし、学校臨床社会学の「介入参画」過程を以下の《a～e段階》に分けてみたい。こうした定式化を検討する目的は、学校という臨床の場での研究者による実践的研究の方法を客観的に対象化することである。つまり、各研究者が個人的で恣意的な学校への関わりで済ませるのでなく、得られる研究成果の諸条件を明確にして、他の臨床的研究にも汎用できるようにすることである。[1]

各段階の〔　〕内には具体的な作業内容を示し、その後に説明を加える。もちろん実際には、これら5段階が明確に区分されて、この順序通りに進んでいくとは限らない。たとえば、aとb、cとd、dとeがそれぞれ同時並行して実施されたり、a～cの実施だけに終ってd・eにまで至らなかったり、というように。

［1］今津孝次郎「学校臨床社会学の『介入参画』法」『教育学研究』第78巻第4号、2011年12月。

《a段階》問題把握と課題設定

〔問題に関する先行研究の検討や教育言説論的検討などを踏まえた課題設定〕　学校をめぐる教育問題については全国で（そして海外でも）多くの実態が報告され、分析されて実に膨大な論文や著作が出されているので、aでは先行研究の検討が必要である。ただし、教師は先行する実践モデルには関心があっても、学術研究に不可欠な先行研究の検討という課題にはそれほど目を向けない。それは主に研究者の役目であり、この先行研究の検討はb以降の各段階でも威力を発揮する。[2] 先行研究の検討のなかで重要なのは、学校現場で自明とされがちで教師が無意識に従ってしまうような各種の認識を相対化しうる教育言説論的視点の採用であるが、それについては次項で説明する。また、aでは文献研究だけでなく、教育問題に関する統計資料の解析や、全国ないし地域での新たな量的アンケート調査の実施など、各種方法が用いられる。それらも含めて、このa段階に留まる研究が臨床レベルXに相当する研究となる。

《b段階》事前診断と介入参加計画

〔対象学校でのインタビュー・参与観察・アンケートなどによる諸資料の収集に基づく課題の絞り込み。クライエント（校長・教頭・教務主任などを含む教師）を中心とする研究協力者との介入参加計画作成〕　bでは特定の対象学校に焦点を当て、その学校が求め、研究者もその学校で調べたい課題を互いに調整して絞り込む。bでは対象学校の教師たちと率直で自由な討議を重ね、研究者が長く学校に受け入れてもらえ

〔2〕一般に、教師が主にこだわるのは勤務校で自ら（あるいは教員集団）の実践をどう積み重ねるかであり、研究者が主にこだわるのは主題に関する先行研究をどう乗り越えるかである。そこで、当該学校が抱える問題を解明し解決に向かっていくには両者の対話が不可欠となる。デューイの学説を継承するショーンが論じた「実践者と研究者が協働する省察的研究」はこうした対話を指しているだろう。
Schön, D. A. (1983) *The Reflective Practitioner: How Professionals Think in Action.* Basic Books.（柳沢昌一・三輪建二共訳（２００７）『省察的実践とは何か――プロフェッショナルの行為と思考』鳳書房、３４０頁）。

るようなラポールづくりを心掛けることが大切である。参与観察ないしエスノグラフィーを中心に、このb段階に留まる研究が臨床レベルYに相当する研究となる。

《c段階》問題解決に向けた「介入参画」

〔対象学校への「介入参画」計画に沿った援助実践とその見直し〕　cではbの介入参加計画作成のとき以上に教師との協働関係が発展し、子どもや保護者との関係も広がって、臨床レベルZに至る。bと同様に参与観察やインタビュー、学校構成員との相互討議が継続していくことになるが、ときには学校内で小さなアンケートが実施されることもある。ここで留意すべきことは、「介入参画」計画通りに実践が運ぶとは限らないことである。その計画が事前に職員会議で承認されていたとしても、具体的な実践場面になったら異論が出てくることがあるからである。実践の技術的な問題（実践をおこなう学年や時期、実践項目内容、担任の任務などに関わる）の場合もあるし、学校にとって何をめざす「介入参画」計画なのかという当初の目的・課題意識がすべての教師に共有されていなかった場合もある。そうしたさまざまな事態が生じた場合、それは対象学校だけでなく学校組織一般の性質をいっそう奥深く理解する契機ともなるので、事態を客観的に観察すると同時に、援助実践の進め方としては当初の計画に柔軟な姿勢で臨むことが肝要である。

《d段階》援助実践に基づく対象学校の組織文化の検討

〔対象学校教師による組織文化の検討に基づくスクールポリシー（学校教育基本方

針）策定や実践開発」[3] dでは、援助実践の結果を踏まえて、対象学校の組織文化の検討をおこなう。学校組織文化の検討は学校が職員会議や校内研修を通じて追究するテーマであり、学校改善や学校改革の基本方針や新たな実践を開発する手掛かりとなる。その検討作業は、教師各人の学習を超える学校の組織学習である。研究者はその検討過程に参画するか、あるいは参画できなくても側面から経過報告を受けながら助言することはできる。b以降の介入参加・参画過程ではc段階が実現できても、このd段階まで至ることは難しいかもしれないが、せっかくの成果を学校組織文化に根付かせるには重要な段階である。

《e段階》事後評価

〔「介入参画」による対象学校の変化の総合的分析と評価。対象学校に関して得られた知見の仮説的一般化〕 dがどちらかといえば学校にとって有用な段階で研究者はその活動を見守る立場だとすると、eは研究者にとって有用な段階である。学校は「介入参画」に対する評価を研究者に提供し、研究者はそれも合わせてa～dの全過程を振り返って評価しつつ、学校臨床社会学研究にとって一般的知見を整理しながら、次の《a～e段階》が始まる。つまり、以上の5段階は学校と研究者が向き合う過程であり、連続し発展するサイクルを成す。eの総合評価で学校と研究者が一致すれば、再びaの出発点に立って両者の協働的取組みが新たな課題の下に継続されることになる。その反対に、学校あるいは研究者が下す総合的評価が低ければ、学校は他の研究

〔3〕「ポリシー」(policy) とは個人から組織、国家に至るまでの各レベルで、信念に貫かれ首尾一貫した体系的な基本方針を意味する。「スクールポリシー」とは当該学校の校訓を核とする全校基本方針としての学校運営政策のことである。Ⅴ部【研究事例2】参照。

者を探すか、あるいは研究者の協力要請を止める場合もあるだろう。他方、学校現場との関係を強めたい研究者は他の対象学校を探すことになる。

以上a~eの具体的な研究手順はV部【研究事例1~3】で詳細に説明したい。なお、五つの研究手順には方法的留意点がいくつかあるので補足しておこう。

①研究者が学校教師との協働関係の形成に努めるということは、両者が「理論」と「実践」を単に役割分担して協力することではない。「実践」とは「専門職業人が一定の環境に対して変化をもたらせるように意図的に働きかける行動を繰り返しおこなうこと」と理解し、「理論」とは「実践」を客観的に把握して分析する「研究」の意味だとすると、研究者も「実践」をおこなうし、教師も「研究」をする。この理論と実践の関係についてはさらに詳しい考察を必要とするので、後の項目で独立させて取り上げたい。

②課題の解決過程の主体はあくまで学校であり教師である。研究者の役割は側面からサポートすることであって、研究者の意図によって解決を主導していくことではない。なぜなら、研究者は当該学校組織の正規の成員ではなく、学校改善や学校改革のポリシーを立案したり、それを実行することをあくまで援助する役割だからである。

③シャインが「介入における倫理的問題」として介入に伴うリスクを指摘していることは重要である。「文化分析者は、分析が潜在的に何を引き起こすのかを十分に理

解するという職業的責任を負う[4]。学校に関する「介入参画」も次のようなリスクを伴うだろう。すなわち、研究者が教師と協働して入念な計画を立てても、充分なデータを収集できなければ、学校組織文化を適切に分析できないかもしれない。そして、仮に分析を提示しても、教師全員がその分析を受け止められないかもしれないし、反発が生じるかもしれない。対象学校の組織文化が明らかになったとき、学校の周辺から批判が起こるかもしれない。その批判をバネにして学校改善や学校改革への取り組みが進展すればよいが、学校が周囲からの批判にしり込みしてしまうことだってあるだろう、など。

要するに、「介入参画」過程で起こりうることをリスクも含めて事前に学校側に率直に伝えて事前の計画を万全にすること、そして研究者の真摯な取り組みと誠意ある姿勢を伝えて、学校の信頼性を得ることが「介入参画」をいっそう円滑に運ぶ方法である。

さらに、《a段階》で触れた「教育言説」の視点については次項で独立させてさらに詳しく説明しよう。

[4] E　H・シャイン／清水紀彦・浜田幸雄共訳（1989）『組織文化とリーダーシップ』ダイヤモンド社、177頁。

25　教育言説の視点

ことばの自明性を問い直す

学校教育問題は人々にとって身近であり、マスメディアも大々的に報道することが多いだけに、問題を示すことばが多義的で曖昧に使われたり、一定のニュアンスが独特の力関係を帯びて、ある価値が暗黙のうちに刻印されていたりすることがある。「いじめ」や「不登校」、「学級崩壊」、「体罰」、「学力低下」などについても、ことばそれ自体が吟味されずに自明のものと見なされがちであり、各自が勝手な意味合いで使用することによって学校内外での議論が混乱することが多々ある。

　それだけに、エスノグラフィーの立場から古賀正義が指摘したように、実践のことばによって教師の教育行為が組み立てられている側面に注目するならば、学校現場でほとんど無自覚的に使われている実践上のことばを解明しておく必要がある[1]。

　一般に問題に向き合うとき、①問題をどう立てるか、②問題をどう解明するか、③問題をどう解決するかという三つの局面で言えば、問題を抱え込んだ学校現場ではどうしても①と②の検討は不十分なまま③の取り組みに集中しがちである。実践活動で成り立つ学校だからそうなるとも言えるし、問題を抱え込むとそれだけ時間的・思考

［1］古賀正義（２００１）『〈教えること〉のエスノグラフィー』金子書房。

的余裕が乏しくなるからでもあろう。しかし、①と②が不十分だと③の取り組みは表面的に流れ、その結果空回りしてしまう危険性がある。①と②の検討にとって、特に実践上でよく使うことばの吟味が不可欠である。そこで、《a段階》で明確な課題設定をするためにも教育を語ることばとその使われ方を解きほぐして論議の出発点を確定しておかねばならない。こうした教育言説論的検討は主として研究者側に求められる役割となる。「教育言説」(educational discourse)は次のように定義できる。

「教育言説とは、教育に関する一定のまとまりをもった論述で、聖性が付与されて人々を幻惑させる力をもち、教育に関する認識や価値判断の基本枠組みとなり、実践の動機づけや指針として機能するものをいう。[2]」

この教育言説の視点は《b・c段階》でも研究者と教師との対話のなかに登場するはずである。学校現場で教師の実践はことばの呪縛を受けやすく、それが自覚できないままだと、学校組織文化の深層部「黙示的前提」に埋め込まれてしまうと考えられる。そうすると、《d段階》での討議でも教育言説の視点は必要になってくるだろう。

ここで、学校でも家庭でも当然のように日常的によく使っていることばの例を挙げて考えてみたい。「がんばればできる」というお馴染みの文句である。[3] 勉強でも何でも達成すべき課題を前にして、「がんばればできる」といつも呼びかけられることばは励みになり、「がんばれば」課題が「できる」と当然のことのように信じ込み、努力を持続させるエネルギー源ともなってきたことは誰もがこれまでに経験している。

[2] 今津孝次郎・樋田大二郎共編(1997)『教育言説をどう読むか——教育を語ることばのしくみとはたらき』新曜社、12頁。
同(2010)『続・教育言説をどう読むか——教育を語ることばから教育を問いなおす』新曜社、9頁。

[3] 今津孝次郎・樋田大二郎共編(2010)同右書、1-2頁。

しかし、「がんばれば」必ず「できる」かというと、そうならない場合もしばしばある。そんなときには必ず「がんばったのだからそれだけで偉いよ、また次をめざそう」ということばが返ってくる。できなくても、がんばったこと自体が評価の対象となり、失敗にめげずに次の達成目標へと動機づけられていくという、きわめて戦略的なはたらきかけのことばである。人間の能力は生まれつき決定されている生得的なものか、それとも生後に訓練のなかで形成される後天的なものかという相対立する二つの基本的な考え方があるが、「がんばればできる」は明らかに後者に属している。

とはいえ、このことばの自明性や絶対性を疑わざるをえない別の現実が目の前に現れるようになった。がんばりすぎることによって心身症に陥ったり、がんばる自分が本来の自己から遊離してがんばりを演じるだけになったり（いわゆる「良い子」ぶる）、あるいは最初からがんばることから降りてしまうような場合である。いずれも「がんばればできる」の神通力が利かなくなったケースである。

こうした別の新たな現実から「がんばればできる」ということばの社会的・歴史的背景に思い至り、ことばが相対化されることになる。それは学校臨床社会学の立場から次のような考察となろう。

つまり、資源をほとんどもたず、狭い国土に多くの国民がひしめく日本が近代化に成功し、さらに敗戦の痛手から早期に復興して経済成長を遂げた陰には、実はこの魔術のようなことば、あるいはこのことばが指し示すような心性が国民のなかに存在していたのではないか。このことばが経済発展途上の状況下では効力をもつとしても、発展し尽くして成熟した状況下で適用力が低下するとすれば、「がんばればできる」のことばは気軽に使ってよいケースとあまり使わずに別のことばがけ（たとえば「そんなにがんばらなくてよい」）を工夫すべきケースを冷静に見分ける必要が出てくるだろう。

以上、ごく当たり前のように使っている「がんばればできる」ということばを教育言説の視点から分析してみた。学校で馴染んでいる他の身近な言語表現についてもそうした視点から捉え直す作業が研究手順の5段階それぞれにとって必要である。

26　調査公害と調査実施困難性

さて、アンケートなどの量的調査だけでなく、「臨床的研究ブーム」のなかで参与観察やインタビューなどの質的調査が増えるにしたがって、調査される側と調査する側との関係にさまざまな支障も生じやすくなる。それが調査される側から嘆かれる「調査公害」であり、調査する側から囁かれる「調査実施困難性」である。

まず主な「調査公害」を挙げてみよう。第一に調査回数が増えて、その対応に追われる。第二に調査の内容や方法が一方的で、当事者ないし現地の立場を考えないで、事実を歪めた結果を強引にまとめられてしまうことがある。第三に調査結果が当事者ないし現地に何ももたらさず、何のために協力したのかと調査者側への不信感が強まる、など。

「調査公害」がまだ広く嘆かれてはいなかった１９７０年代初頭に民俗学の宮本常一は素朴なかたちですでに問題を指摘している。彼は「調査地被害」と題した小論のなかで、戦前期から長年にわたり日本各地を歩いてきたフィールド体験に基づいて次のように論じた。

「調査というものは地元のためにはならないで、かえって中央の力を少しずつ強めていく作用をしている場合が多く、しかも地元民の人のよさを利用して略奪するものが意外なほど多い[1]。」

ここで「略奪」というのは、古文書や民具、植物や鉱物、さらには路傍の石造物といったモノが調査者によって勝手に持ち去られることを指しているが、インフォーマントによる地域情報を一方的に持ち去るという広い意味で受け止めてもよいだろう。「中央の力」とは、国家行政機関はもちろん、大学や学会などの権威ある学術組織も含めたものとして理解してよい。そして、この指摘をより一般化すると、「中央の力」という文言に暗示される「政治性」(politics)の問題に至る。

つまり、調査する側が国であれ自治体であれ、大学や研究所あるいは学会などであれ、それらは一定の権力や権威をもつだけに、調査される側との間に利害関係を含む力関係(power relations)が存在しやすいということである。たしかに、社会調査はあくまで現実社会の姿を客観的に描き出すことが任務であるから、力関係とは無縁であるように見える。しかし、その調査の目的は何か、現実社会のどの部分に焦点を当てるのか、いかにして量的ないし質的データを収集するのか、調査結果をどのように発表するのか、そしてその結果をどのように生かすのか、などについて改めて振り返るとき、調査される側との力関係がどこかにはたらいていることに気づく。調査が帯びる政治性については、これまで研究者があまり目を向けてこなかったが、若干の議

[1] 宮本常一(1986)『旅に学ぶ』(宮本常一著作集31)未来社、131頁。(初出「調査地被害」『探検と冒険』7、朝日新聞社、1972年)。

論はなされてきた。

たとえば、すでにⅢ部「21　研究対象の捉え方」で言及した盛山和夫の主張「学術研究の特権性の否定」である。つまり、かつて人類学調査がしばしば陥った植民地政策の資料集めのように、「調査者の超越性」に基づき、独善的で政治的な調査研究にならないように、学術研究も一つの社会行為であることを自覚することが必要であるという主張である。研究の「特権性」や「超越性」という表現は、調査が政治的性格をもちやすいことを強く自覚し、そうした性格からの脱却を促すものである。

また、イギリスでもっぱら教育に関する質的なフィールド調査の方法論を研究してきたハマースリィは「社会調査は政治的か？」と題した論文のなかで力関係としての政治性の意味について整理し、社会調査が政治的であることには二つの意味があると論じた。

一つは大学機関で実施する調査が国家権力からの「自律性」をもち、研究者は自らの関心に沿って自由に調査をおこなうことができることを指す。他の一つは、研究者の関心に沿っておこなわれる調査は何らかの力関係なしにはありえないことを示している。焦点となるのはやはり後者の意味合いであり、それにも二つの側面がある。調査が帯びる力関係とは、第一に専門的知識をもつ研究者の発言に人々が引きつけられる「権威」(authority) に由来する場合であり、第二に調査の実施とその調査結果を人々に押し付けてくる研究者の「権力」(power) に由来する場合である。[2] 問題となる

[2]「権威」と「権力」は混同されることが多いが、両者は異なる特徴をもつ。「権威」は下位者が上位者に対して「自発的に言うことを聞く」関係であるのに対して、「権力」は上位者が保持する何らかの強制力によって「無理に言うことを聞かせる」関係である。

のには第二の場合で、調査が知識の生産よりもそれ以外の目的に関与して生じる「権力」に由来することである。

このように「政治性」のいくつかの側面を整理してみると、実際の社会調査は政治的なこともあり、そうでないこともあり一口に言うことは難しい。ただ、社会調査はあくまで「自律性」を保持するように努めるべきである。そして客観的におこなう学術調査は政治的ではないと単純に言い切ってしまうと、権威や権力に由来した政治性を帯びるという側面をつい見落としてしまいがちになる、とハマースリィは結論づけている[3]。

以上をまとめると、「研究者は自らの関心に沿って自由に調査をおこなう」が、研究者の権力に基づき自らの都合を優先して調査研究を主導することのないよう自覚的であるべきだという主張となる。この自覚はⅢ部で論じたように、調査される者と調査する者との「対等関係」さらには両者の「互恵関係」を調査研究の倫理として追求することと重なる。こうした自覚に基づく研究者側の調査行為が「調査公害」という囁きを少しでも減じるであろう。

以上は社会調査一般に言えることであるが、学校調査に即して「調査公害」の内実を具体的に挙げてみよう。第一に多くの困難な問題を抱えて多忙化している学校では、その学校やＰＴＡ自体による調査も活発になっているうえに、文部科学省（以下、「文科省」）や教育委員会を通じた教育行政上回答しなければならない各種調査も増え

［3］Hammersley, M. (2005) Is Social Research Political? in C. Pole (ed.), ***Ethics and Politics in Fieldwork*** 〔Fieldwork, vol. Ⅲ〕, Sage Publications.

ているから、そのうえに大学や研究所からの調査依頼まで受け入れるとなると、学校の多忙化はいっそう高まるし、同じような内容の調査が繰り返されるという不都合にもなりやすい。第二に調査実施者の意図で一方的に調査が企画されていることが多く、各学校の実態に即したやりとりを踏まえたうえでの調査計画というのは数少ない。第三に調査結果が必ずしも調査対象の学校側に還元されるとは限らず、仮に還元されたとしても、その学校が求める内容とは限らない。

では、学校調査にとって「地元」と「中央」とは何に当たるだろうか。「地元」は地域の学校の教師や児童生徒、保護者であり、「中央」とは文教政策の立案に当たる国会であり、文科省を頂点とする教育行政組織であり、大学や学会といった学術研究組織に当たる。そこで、学校臨床社会学は「臨床」の視点に立つだけに、どこまでも「地元」の立場に立ちながら「中央」の動向をも視野に入れて、学校教育問題を包括的に解明しながら、解決に向けた方策を「地元」に即して検討することになる。

他方、研究者たちからは学校調査の「調査実施困難性」がこれまで指摘されてきた。学校のフィールド調査に取り組む酒井朗は学校へのアクセスを阻害するいくつかの諸要因を挙げている。

第一にアカウンタビリティ（説明責任）を重視する英米の学校に比べ、日本の学校は閉鎖的な性格が強い。第二に個人情報保護の観点からビデオ使用などの調査方法が難しくなっている。第三に学校の多忙化で調査を引き受ける時間的余裕がない。第四に学校が調査受け入れを決定する際の組織上の曖昧性であり、管理職が受け入れを決めても担任教師たちが反対して覆ることがあったり、教員異動で調査依頼案件が宙に浮いたり、立ち消えになってしまうことがある。第五にフィールド調査の結果として、教師の常識的思考を打ち破り、かれらの行為の隠れた帰結を暴きだすことがしばしばあるが、そうした調査結果の報告を受けた教師は当惑し、調査に対して敵意を示すことさえある、など[4]。

　たしかに、第三は現代の学校に共通する状況で、教員の定員増や職務の見直しなど何らかの条件整備が必要である。ただ、第一と第四は学校組織文化と関係しており、学校ごとに変化の可能性がある。そして第二と第五は調査の倫理と関わっている。第五は「24　研究手順の五段階」で触れた「介入参画」過程でのリスクであり、《b段階》で学校側と十分な話し合いが求められる。少なくとも研究者側の努力で改善の余地があるのは、個別の学校をもっと廻って、倫理も含めて調査をめぐるさまざまな事項について入念な議論を踏まえた上で合意を得ることであろう。

[4] 酒井朗（2009）「調査フィールドとしての学校――アクセスの困難さとアクションリサーチへの期待」『社会と調査』第2号、有斐閣。

27　学校をめぐる秘匿調査

信頼関係に向かう一技法

文化人類学のフィールド調査で倫理と関連させてしばしば論議されるのが「秘匿調査」(covert research) である。研究者の役割で言えば、現地に入り込んで知られずに密かに調査する「完全なる参加者」に当たる。カッセルが指摘しているように、秘匿調査は対象者との関係を傷つけ、将来の調査を困難にする危険性があり、また名乗って調査している他の研究者に対してアンフェアであるから、極力避けるべきである[1]。学校臨床社会学では、解決が求められる問題を抱えた学校での調査研究である以上、秘匿調査はまずありえない。研究者が学校を訪問することや調査目的が何かということも学校の全教員に知らされ、基本的に了承されているのが普通である。

ただし、教員のなかには研究者が学校を訪問することに抵抗感をもっている者がいることもある。また学校訪問は認めるが、そこまで詳しく調査されるのは困ると言った声が教員のなかにある場合もある。そんなときには、たとえば「教室での生徒の活動を観察する」とだけ担任に伝えて実は教員の動きも同時に観察するといった、やむをえないケースも出てくる[2]。あるいは、児童生徒や保護者が研究者の来訪に対して身

[1] Cassell, J. (1982) Harms, Benefits, Wrongs, and Rights in Fieldwork, in J. E. Sieber (ed.) *The Ethics of Social Research: Fieldwork, Regulation, and Publication*, Springer-Verlag, pp. 18–19.

[2] もちろんその場合にも、担任との信頼関係が生まれてくれば、教員を含めた観察について話すことができるようになるだろう。

構えて普段とは違う態度を示すことも考えられ、学校の日常の姿にバイアスがかかることも予想される。

そこで、その学校の日常の姿をありのまま調査することができるように、何をどのように観察するのか、そしてアンケート調査で何をどのように実施するのかなどについて、クライエントである主たる教員（校長・教頭を含む）とも打ち合わせながら、学校の現実に接近する際の技術的工夫を入念に検討することはある。たとえば、最初は観察の主なテーマだけを全教員に伝え、詳細な内容はまだ言及しないとか、子どもたちや保護者にも研究者が学校と協力するために訪問している旨だけを伝えて具体的な協力内容にまでは触れないというように、学校現場に余計な混乱を生じさせない技術的工夫である。

もちろん、最初はそうした技術的工夫をしながらも、調査作業が進んでいくうちに研究者との間に信頼性が生まれ、子どもや保護者を含めたその学校の全構成員に研究者来学の目的の詳細な内容が伝えられていくと、学校が抱えた問題解決に全校的に取り組む機運が生まれ、逆に大きな推進力になることもある。あるいは初めからその効果をねらって調査プロジェクトが全校的に広報される場合もありうる。たとえば、校内暴力の撲滅とか、いじめの克服といった問題は全校的に解決を目指すべき喫緊の共通課題として挙げることができる。要は基本的に否定すべき秘匿調査であるが、学校との信頼関係を得るうえで技術的に使う最少限の局面はありうるだろう。

28　実践と研究の関係の諸形態

実践と研究は互いに掛け離れた活動ではなくて、教師と研究者が共通して担う役割だとすれば、両者はどこまで融合的な協働関係として構築しうるのかという観点から実践と研究の関係のあり方を再検討しておきたい。学校での実践とそれを対象とする研究の具体的な相互関係として〔a〕〜〔d〕四つのケースをあげられるだろう。

〔a〕学校エスノグラフィーに伴う実践と研究の基本関係

具体的な検討の手掛かりとして、学校のフィールドワークを通じて、調査倫理の観点から研究の誠実性について丁寧に考察した清水睦美の所論をあげる。[1]

清水は、インドシナ難民を含むニューカマーの多くの子どもたちが通う関東圏の公立小・中学校をフィールドとし、ニューカマーの子どもたちの日常世界を描き出すために参与観察をおこなった。学校からは特に解決すべき具体的な課題が提示されていたわけではなく、研究者としての関心はあくまでマイノリティとしてのニューカマーの子どもたちの日常世界を解明することにあった。したがって、マジョリティとして

〔1〕清水睦美（2006）『ニューカマーの子どもたち——学校と家族の間の日常世界』勁草書房、第4章。

の日本人の子どもたちを含む子ども全体を相手に実践する教師とは、学校の現実に関するお互いの認識は当然食い違ってくる。清水がこだわるのも「研究者と当事者の有意性構造のズレ」[2]である。

このズレについて意識せずに、研究者が認識したままを学校の現実として一方的に発表したら、学校側からそれは事実誤認だとか、自分たちの実践はそんなものではないという抗議が返ってこないとも限らない。そこで、佐藤郁哉がフィールドワークの倫理の一つとして提起しているように、エスノグラフィーを「インフォーマントにチェックしてもらうように努力」し、「現地の人たちの意見を聞き、彼らと議論をたたかわせる」ことが重要になる。[3]清水も当然この手順を踏むが、「議論をたたかわせる」過程で浮かび上がるズレにこそ注目するのである。

むろん、そうしたズレが少なくなるように事前に学校側と調整することもありうる。しかし、それでは研究者の関心の追究が弱まることにもなりかねない。それだけに、両者がそのズレについて相互に検討した結果、学校と研究者それぞれにとって新たな知見が得られるというのが理想的である。たとえば、学校はズレを契機にしてそれまでの実践を見直して新しい方法を導入する。研究者はそれまでにない研究関心や新たな課題を得たりするというように。そこで、清水がめざすのも「『研究者』と『当事者』の異質性をあえて顕在化させる」[4]という戦略であり、研究者としての自分の立場を常時明らかにしながら学校と対話を心がけていくのである。以上のような関係を実

[2] 志水宏吉（２００２）「研究ＶＳ実践――学校の臨床社会学に向けて」『東京大学大学院教育学研究科紀要』第41巻。

[3] 佐藤郁哉（１９９２）『ワードマップ フィールドワーク――書を持って街へ出よう』新曜社、２３３-２３４頁。同書増訂版（２００６）２８０頁。

[4] 清水睦美（２００６）前掲書、１９９頁。

[5] 無藤隆（２００７）『現場と学問のふれあうところ――教育実践の現場から立ち上がる心理学』新曜社、20頁。

践と学術研究の視点から私なりに端的に図示すると、図Ⅳ－1のようになろう。

〔b〕研究者が探究する理論の実験ないし応用の場としての学校

学問研究の枠組みで実践現場を分析するというスタイルであるから、学校現場の意向が尊重されるとは限らず、研究者から学校へという一方向的な性格をもちやすい（図Ⅳ－2）。教育心理学をベースに学問研究と実践現場との関係を考察した無藤隆は実践現場を大事にし、「現場のもっている問題とつきあう」[5]ことが学問研究であるというスタンスをとる立場から、〔b〕ではなくて次の〔c〕関係の重要性を主張する。

〔c〕実践現場が抱く問題を対象化して研究し助言をおこなう

双方向的で互恵的であり、より臨床性が強い（図Ⅳ－3）。ただ無藤の主張では、教育心理学という普遍的知見を追究するという特質ゆえに、個別の学校組織が抱えた問題ないし課題の解明とその解決方策の検討という意図はあまり見られない。

〔d〕実践現場の問題の解明と解決をめざす

実践現場の問題を解決できるように実践者と研究者が協働する姿勢を追求するものである。教師のニーズに応えて研究者が現場に「介入参画」し、そのつど助言をおこなっていくが、その過程で現場に関する新たな研究成果が得られるような関係である。

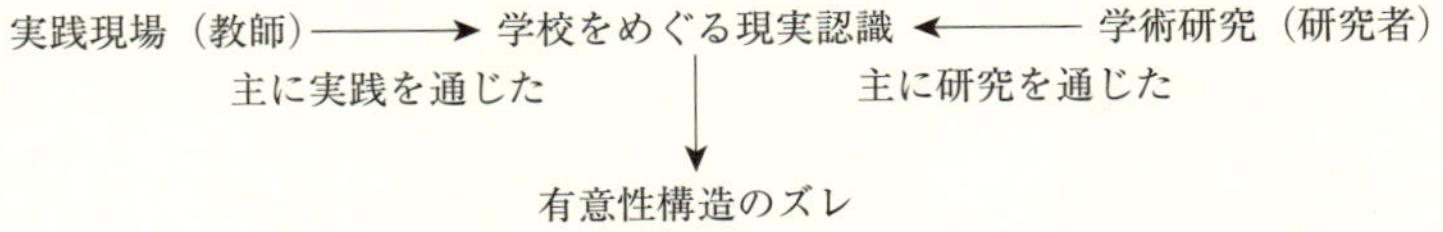

図Ⅳ－1　実践と研究の関係〔a〕

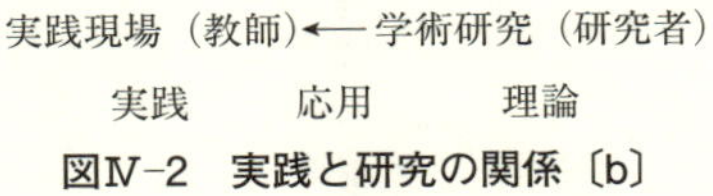

図Ⅳ－2　実践と研究の関係〔b〕

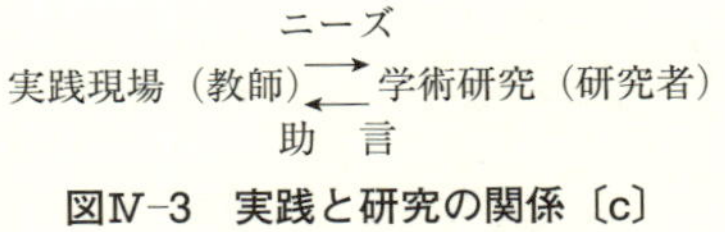

図Ⅳ－3　実践と研究の関係〔c〕

以上、実践と研究の四つの関係を整理すると、学校臨床社会学が最終的に到達する関係は〔d〕だと言えよう。そして、〔d〕は学校改善・改革課題の下で教師と研究者の間に「同じ仲間」という意識が喚起されやすい構図であり、「互恵性」を築きやすい関係と言える（図Ⅳ-4）。

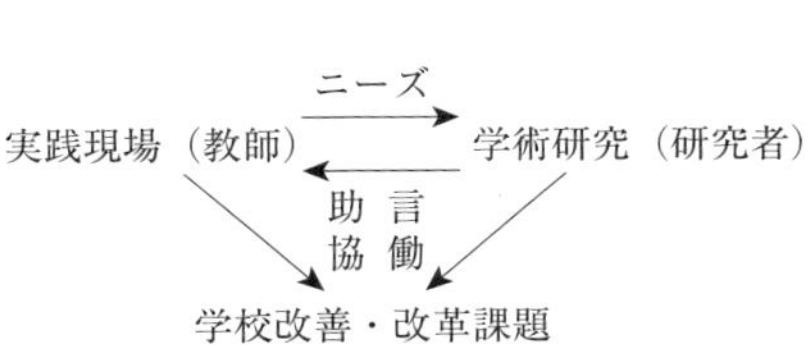

図Ⅳ-4　実践と研究の関係〔d〕

29　シェルパ役の教師

調査研究のフィールドとして学校の壁が厚い状況のなかでは、いくら学校側にニーズがあったとしても、研究者が「介入参画」することは容易ではない。仮に着手できたとしても、たとえば1年間の長期にわたって常時当該学校に滞在して「介入参画」の過程を細かく観察することは研究チームを組織したとしても現実的には難しい。そこで、研究者と対象学校を常に接続させるような役目が求められてくる。

宮本常一が民俗調査地について詳しく案内してくれる「地元の者」について書いている[1]。その者はいつもいろんな学者の案内をしているから専門的な知識を身につけており、地元のことなら何でも知っている。しかもその人の紹介ならどんなところでも安心して泊めてくれた。調査を支えるのは地域の人々との信頼関係である。この案内役がいてくれたおかげで民俗調査がどれだけ円滑に運んだかわからない、と宮本は率直に語る。このような案内役のことを文化人類学では「シェルパ」（sherpa）と呼ぶ。ヒマラヤ山系に住むシェルパ族が登山者の荷物を運搬し道案内役を果たすのと同じように、研究者を異文化の世界へ道案内する役目の人のことである。

[1] 宮本常一（１９８６）『旅に学ぶ』（宮本常一著作集31）未来社、１２２-１２３頁。（初出「調査地被害」『探検と冒険』７、朝日新聞社、１９７２年）。

フィールドワークがこのシェルパ役を必要とするなら、学校臨床社会学の「介入参画」研究も同様であろう。学校の内部までよく承知していて、同時に学術研究に対して関心が高く、その訓練もある程度受けており、実践家と研究者の両面を兼ね備えている人材が求められる。そうした点では、最近増えてきている現職教師大学院生（以下「教師院生」）なら、研究者の助手役ないし共同研究者となりうるはずである。しかも、教師院生もこの「介入参画」プロセスを通じて、実践とは何かを客観的に再検討し、研究とは何かの実地訓練を受けることになり、学校でのフィールド研究がそのまま教師院生の教育指導になりうる。

教師院生がキャンパス内にいることは、かれらが当該学校の教員であるかどうかにかかわらず、ある意味で手軽に学校訪問をしているようなもので、学校のニーズを知るうえでさまざまな情報を入手でき、学校との身近なパイプ役となる。教師院生と研究者の関心が一致するようなときには共同研究を組織することができよう。この教師院生は学部学生の学校訪問チームのチューター役にもなりうる。そして、臨床レベルZに相当するテーマと方法が導き出されて学校との協働関係が生まれるような場合には、教師院生は貴重なシェルパとなりうるだろう。[2]

［2］シェルパ役の教師院生に関する具体例はV部【研究事例3】を参照。

【コラム⑤】スクールソーシャルワークと学校臨床社会学

文科省は１９９５年に「スクールカウンセラー活用調査研究委託事業」を開始してから本格的にスクールカウンセリング（以下ＳＣ）の普及に力を入れてきた。ただ、小・中学校へのスクールカウンセラー（以下ＳＣｒ）の全国配置がかなり行きわたった頃になって、学校現場ではＳＣｒで十分に対応できない生徒指導上の諸課題に関心が向けられるようになった。それは、貧困、失業、児童虐待、両親の不和、離婚・再婚など、これまで学校が気づきにくく手をつけにくかった家庭や地域社会に潜む諸問題に注目しなければ、子どもの問題行動の理解も解決も難しいことが意識されるようになったからである。それに不登校や暴力、非行、あるいは特別支援に関わるような馴染み深い問題でも、子ども個人の心理臨床に当たるＳＣｒでは家庭や地域にまで立ち入る手立てを講じるには限界があるからでもある。

そこで、最近では「スクールソーシャルワーク」（以下ＳＳＷ）が全国各地で取り組まれるようになってきた。[1] 文科省もようやく２００８年にＳＳＷ活用事業を新たに開始した。ＳＳＷとは①子どもの問題行動を教育面だけでなく広く福祉の観点からも捉えて、②子どもの環境改善にはたらきかけるために、③地域の専門家や諸機関と適切な情報やサービスをつなげていく連係活動である。学校外部の専門家や諸機関とは、医師・保健師・社会福祉士・精神保健福祉士・民生委員・児童相談所・児童養護施設・発達障害者支援センターなど多岐にわたる。ＳＳＷの任務に当たる「スクールソ

［1］ＳＳＷの源流は、19世紀末から20世紀初頭にかけてアメリカのいくつかの都市で移民が増大するなか、貧困家庭に伴う不就学や児童労働といった問題に対応するために、20世紀初頭に始まった「訪問教師」（visiting teacher）の活動に遡る。訪問教師の役割は子どもの問題の原因を探り、状況改善のために家庭・地域と学校との連係をはかることであった。その活動はシカゴ学派がスタートした時期、そして学校臨床社会学の源流の時期とほぼ重なっていることに留意したい。

ーシャルワーカー」（以下ＳＳＷｒ）は学校の教員・養護教員およびＳＣｒと学校外の専門家や諸機関とをコーディネートする役目であり、多忙化する教師にとって目が届かず、あるいは対処しきれない家庭・地域と学校とをつなぐ活動でもある。その活動は学校臨床社会学と無関係ではないことに注目したい。

　学校が社会問題化した教育問題を背負っているだけに、ＳＳＷは今後いっそう各学校に広がっていくだろう。そうするとＳＳＷは学校臨床社会学と表裏一体の関係になるのではないかと考えられる。ＳＳＷはあくまで当該の子どもが抱えた問題（ミクロレベル）の背景に潜む環境的諸要因（メゾレベル）を探りながら、問題の軽減そして解決に向けて関係者と関係機関が連係する実践的取り組みである。それに対して学校臨床社会学は、問題や課題の社会的背景（マクロレベル）から学校組織実態（メゾレベル）の客観的解明に至るまでの調査研究成果を、教師をはじめ学校関係者に提供することが任務である。したがって、ＳＳＷの具体的な取り組みからも触発されながら、学校臨床社会学はその実践的調査研究成果をＳＳＷに還元することによって、ＳＳＷにとっての理論的・実証的支柱となるに違いない。

V　学校臨床社会学の実際

休み時間

校庭で外遊び

Ｖ部では、東海地域の小・中・高校で私が大学（院）生たちとおこなった学校臨床社会学の調査研究のうち、臨床レベルＺに関する実践的研究を研究事例として紹介する。

いずれも2000年以降に取り組んだもので、「はじめに」でも断ったように〔小学校での〕学力、〔中学校での〕いじめ、〔高校での〕ケータイという三つの個別問題に絞っている。それらは社会問題化した学校教育問題であり、国や自治体の文教政策や教育行政が対応を余儀なくされ、学校でも苦心している実践課題である。Ｖ部では臨床的な具体的問題のすべてを網羅するのではなくて、Ⅰ―Ⅳ部で述べたことを実際の問題に即して説明し、学校臨床社会学がその問題解決に向けていかなる有効性をもちうるかを検証するのがねらいである。

Ⅳ部「24　研究手順の五段階」で述べた五つの段階を次の三つの局面にまとめ、局面ごとに各研究事例を具体的に報告する。《A課題設定》〈a段階〉、《B対象学校と「介入参画」》〈b・c・d段階〉、《C事後評価》〈e段階〉[1]。

[1] フィールド調査の舞台裏を率直に記録するというスタイルが公表されているので、それも参考にした。

須藤健一編（1996）『フィールドワークを歩く——文科系研究者の知識と経験』嵯峨野書院。

佐藤郁哉（2002）『フィールドワークの技法——問いを育てる、仮説をきたえる』新曜社。

【研究事例１】外国人小学生の学力保障に向けて

《A　課題設定》

■地域社会の国際化と多文化化――ニューカマーの増加

学校はしばしば地域社会の大きな変化に直面する。１９７０年代後半以降は都市化に伴う家族や地域そして情報環境などの諸変化に伴う新たな教育課題への対応が要請された。なかでも１９８０年代末以後、バブル経済状況下で多くの新来外国人とその家族が各地に集住するようになり、「出入国管理および難民認定法」（入管法）の改正（１９９０年）で、日系については定住者として活動に制限がない取り扱いとなったために、ブラジルやペルーといった南米系を中心とした外国人労働者が予期せぬ勢いで急増した。それは日本の学校教育にとって経験したことのないまったく新しい環境激変であったために、多文化化した地域では外国人児童生徒教育を含む多文化共生教育がにわかに焦点化せざるをえなくなった。とりわけ製造業が重要な地場産業である愛知・岐阜・三重・静岡の各県を擁する東海地域では外国人集住地区が各地で出現し、全国でもっとも典型的な多文化地域となった[1]。

急増する新来外国人は「ニューカマー」と呼ばれ、戦前・戦中から日本に定住している在日コリアンを中心に、1980年代半ばまでに来日して在住していた旧来外国人は「オールドカマー」と呼ばれて区別されるようになった。もちろん、来日の歴史的背景が異なる人々に対して単なる時期区分によって与えた便宜的な名称が適切かどうかには問題があるし、ニューカマーといっても1990年当初に来日した家族であれば、当時の子どもが現在は親になり、その子どもが学校に通うという世代交代が進んでいるから「ニュー」という表現もすでに相応しくない。ただ、ここでは慣用の表現に従っておこう。1990年代半ば頃まではニューカマーの目的は主に「デカセギ」（そのままポルトガル語 dekassegui となる）であり、2〜3年で帰国すると見られていた。ところが、バブル経済崩壊後の経済不況の波を受けて帰国する人々もいる半面、そのまま日本に定住化するケースも現れてきた。

「国際化」と言うと外国（人）との交流が活発になることとイメージされるが、多様な現実に着目すれば「多文化化」と表現した方が適切である。「文化」とは社会学や文化人類学では「生活行動様式」全体を指す広い意味合いで使うから、「多文化」とは外国人を指すだけではないからである。たとえば、日本国籍であっても以前は国籍を異にする人で日本に帰化した場合、国際結婚で生まれた子どもが外国の母親の文

［1］そうした地域の学校の一つである石浜西小学校による実践記録によると、2005年に赴任した小山儀秋校長が「とにかくやってみる。ダメだったらまた違う方法を考える」と、通常の場合は避けるはずの「試行錯誤」方針を出さざるをえなかった状況がよく分かる。
　加藤幸次（監修）／愛知県東浦町立石浜西小学校（編著）（2009）『子ども・保護者・地域を変える多文化共生の学校を創る』黎明書房、38頁。

化を身につけていて日本語がよく分からない場合、外国で生まれ育ったために異文化を身につけている場合など、「外国につながる（ルーツをもつ）子ども」とも呼ばれるように、グローバルな移動の時代ゆえの多様な現実を含むからである。

私がこのような地域社会の多文化化に関心を抱くようになったのは次の三つの理由による。第一に「はじめに」でも述べたように、三重県内での多くの学校訪問のなかでも同和校での校内研修への参加を通じて、日本のマイノリティへの関心を抱くようになったこと。[2] 第二に急増する在日外国人の現象を目の当たりにしながら、関西社会学会が１９９０年から９２年にかけて「日本社会とエスニシティ」という当時の日本の社会学としては新鮮なテーマを掲げる重点部会を開き、研究活動委員の一人として部会の運営に当たるなかで自身の問題意識を触発されたこと。[3] 第三に日本の地域社会の多文化化を眺めながら、19世紀末から20世紀初頭にかけての大都市シカゴとシカゴ学派のことを連想したこと。当時のシカゴではもっと大規模な移民の流入があり、学校教育も今の日本以上に試行錯誤を極めたのではないかと想像される。デューイの「実験室学校」もそうした大きな地域社会変動下での挑戦であったに違いない。

■多文化共生社会の条件――日本社会の捉え直し

さて、多文化の状態では、ある文化が異文化と遭遇して文化摩擦を引き起こすのは当然のなりゆきである。なぜなら、同じ文化の人々は言語も価値も規範も共通である

[2] ギデンスは大著『社会学』（第2版）の「エスニシティと人権」の章を日本の部落問題から説き起こし、世界的に眺めて、身体的違いがないにもかかわらず根深い偏見を受けるという点で被差別部落民はマイノリティの典型だと捉えた。
Giddens, A. (1993) *Sociology*, second edition, Polity Press.（松尾精文他訳（１９９３）『社会学』而立書房、改訂新版、２５６頁）。

[3] ３年間の重点部会の成果については、中野秀一郎・今津孝次郎共編（１９９３）『エスニシティの社会学――日本社会の民族的構成』世界思想社。

から相互理解が容易であるが、文化が異なればコミュニケーションが難しくなるからである。世界の民族のフィールド調査から冷静に観察した梅棹忠夫が「文化とは、他民族に対する不信の体系」であると言い、文化摩擦が紛争にまで至る世界各地の現実を踏まえて青木保が「文化は人類社会の調和的発展にとっては、むしろマイナスの要因である」と言っているのも、文化のそうした困難な側面を指している[4]。

日本では「文化」は価値的に使われ（「文化的」、「文化の香り」など）、地域のなかで文化摩擦の経験もこれまで少なかっただけに、ニューカマーの増加に伴って初めて文化の困難な側面が身近に注目されるようになったせいか、「多文化共生」という新たな文言が流通するようなった。もっとも、「多文化共生」ということばは英語で何と言うかとアメリカ人の留学生に質問しても「それに相当する英語はない」という答えが返ってくるだけで、意味を説明すると「そんなことは今さら取り立てて言わなくても当たり前ではないか」とあきれられるだけである。民族的同質性の高い日本で生まれた独特の用語だと言ってよい。

もちろん、日本は単一民族社会ではない。しかし、敗戦で植民地を失って民族構成の同質性がさらに高くなり、敗戦の痛手を「純粋な日本」という観念で克服しようとして「単一民族」イデオロギーが生まれ、それが戦後の自明の前提となった[5]。その前提は、国内の異質な文化（北のアイヌ、南の琉球、帰化したコリアン）さえも包括して「ウチ」の人と見なし、「外国人」はその人種・民族・国籍を明確に区別しないまま一

［4］梅棹忠夫（1991）『二十一世紀の人類像——民族問題をかんがえる』講談社学術文庫、12頁。
　青木保（1988）『文化の否定性』中央公論社、44頁。

［5］小熊英二（1995）『単一民族神話の起源——〈日本人〉の自画像の系譜』新曜社。

括して「ソト」の人（＝「外人」ガイジン）と見なしてしまうような独特の自己認識と他者認識を伴った[6]。

それだけに多文化（化）という視点は、これまで日本社会のなかに浸透した自己・他者認識を反省的に捉え直す契機となる。そしてもちろん、異文化同士の出会いは各文化の長所や短所に気づき、異なる価値観を互いに学習する貴重な機会となる。ただし、そうした機会となるためには、次の三つの条件が不可欠であろう。

（1）異文化理解と自文化認識　単なる国際交流イベントで終わるのではなく、異文化に対する相互理解が実際の対人関係を通じて身近な地域生活のなかで持続的に進んでいくこと。その際に見落とされがちなのが「自文化認識」である。一例を挙げると、近年は中国から日本の大学に多くの留学生が来ている。中国は総人口の約9割を占める漢民族のほかに約1割のマイノリティ（日本の総人口にほぼ匹敵）として55の民族がある。留学生はごく普通に「私は漢民族です、モンゴル族、朝鮮族、ウイグル族……です」と自分の民族を名乗る。それに対して日本人大学生は自らの民族について応えられるかどうかが問われる。そうした自文化認識を伴わないで、中国の計56の民族に対する異文化理解はできないはずである。

（2）生活条件の保障　外国人は製造業をはじめ、日本人が就こうとしない種々の職場でも労働力として大きく貢献しているにもかかわらず、普段の生活を送るうえで不利な条件のもとに置かれており、かれらのさまざまな生活条件が保障されること。

［6］今津孝次郎（1993）「異人・非人・外人・人間――日本人のウチとソト」中野秀一郎・今津孝次郎共編、前掲書。「ガイジン」に込められた排他的で侮蔑的な独特のニュアンスから、在日外国人は「ガイジン」と呼ばれることに嫌悪感を示すことが多い。

住居、就労・労働、保険、社会福祉、子どもの教育機会などに関する日本人との格差の是正をはじめ、多方面にわたる「権利」の保障がはかられること。この「権利」の保障があって、「義務」の遂行も外国人に自覚されるはずである。

(3) 社会参加　外国人定住者が地域の正式メンバーとして社会に「参加」すること。もちろん、地方参政権だけでも困難な課題であり、この課題を追求すれば新たな対立葛藤が生じ、多文化共生は葛藤のなかで苦しみ抜いて達成できるのだと再認識されるかもしれない。ただ、居住地の自治会や学校・園の保護者会の役員になるといった参加は困難ではない。事実、そうした役員になっている例は珍しくない。身近な参加を広げていくことが多文化共生を最終的に実現する社会参加の第一歩である。

以上挙げた三条件について実態に即して検討するためにも、まずは学校訪問を窓口としながら日本社会の民族的構成の変化過程を知ること、そして学校は地域社会の激変に対してどのように外部的・内部的な適応を果たしているのかを把握すること、などが私の課題として浮上してきた。ちょうど大学(院)生も地域社会の急速な多文化化の進行に興味関心を抱き、その実態を知りたいというニーズが高まっていた。

■学校参観に基づく研究討議——実態を分析する視点と論点

そこで私は１９９９年度から２００１年度にかけて、学部と大学院の共通ゼミとして「地域社会の国際化と教育の諸課題」というテーマを掲げ、愛知県内のＬ市・Ｍ

市・N市でのニューカマー児童生徒の多い公立小・中学校への学校訪問を開始した。[7] 3年間の訪問では三市内の6小学校と3中学校の「日本語教室」（または国際教室）を参観した。普通の学級と比べて日本語教室では複数の担当教員（増員された「加配」教員を含む）や日本語指導員そして母語が話せる指導員がいて、気軽に見学しやすい。それに見学中に私たちが個別指導に乗り出す場面もあって、外国人児童生徒の反応を直接経験することができる。担当教員団もどれだけ多くの人手や手間が必要かを外部の人たちに知ってほしいという気持ちがあるのだろう、見学を歓迎してくれる。さらに、M市全体の外国人児童生徒教育連絡協議会の会合やM市の中学校での外国人向け進路説明会も並行して参観した。10数名の大学（院）生の学校や会合の見学依頼はいずれも各学校や教育委員会事務局からすぐに許可された。

学校訪問のあとは大学のゼミで見学を踏まえての研究討議である。それは臨床レベルYに相当する作業であるが、討議事項は以下のように多岐に及んだ。

（1）外国人児童生徒は義務教育か否か　外国人の子どもの教育についてはa 義務教育である、b 義務教育でない、をめぐる法規論争がある。文科省はかれらが『日本国憲法』第26条2項の「国民」に当たらないとしてbの立場であるが、保護者と本人が希望すれば公立学校は受け入れるという態度をとっている。[8] これに対し、「児童は（人種・民族・性・国籍・宗教など）いかなる差別もなしに」「初等教育を義務的なもの」とするという『児童の権利に関する条約』（子どもの権利条約）第28条1項など

[7] ゼミ参加者は名古屋大学の教育学部学生と、大学院の教育発達科学、国際開発、国際言語文化の三研究科の大学院生である。地域の急速な多文化化関心をもつ大学（院）生がゼミにとりわけ期待したのは、個人では訪問しにくい学校の見学が気軽に実現できる点である。

[8] 日本の敗戦後に「外国人」となったコリアンの学齢児は戦後しばらく就学義務不適用扱いとなった。就学義務扱いに変わったのは、１９６５年の日韓法的地位協定の締結以後である。

に拠ったａの立場がある。しかし、どの学校の日本語教室でも法規論争とは関係なく、日本語能力を少しでも向上させたいと、目の前の子どもの教育に熱心に取り組んでいるのが実際である。もちろん、ゼミの私たちはａをめざすという立場である。

（2）不就学と不登校　学齢期なのに、公立学校にもブラジル人学校など外国人学校にも在籍していない「不就学」の子どもたちがかなり存在している。調査が難しいのでその現実はあまり知られていないが、地域のなかに隠れた深刻な社会問題である。[9] また、在籍していてもさまざまな理由で「不登校」の子どももかなりいる。住所が変わって学校から連絡がとりにくくなったりすると、早い時期に除籍されることがしばしばあり、それが「不就学」のケースにもなっていく。不登校の背後にあるのは、義務教育扱いになっていないこと、日本語が分からず授業についていけないこと、いじめを受けるなどして日本の学校に適応できないこと、親の就労の都合で転居が繰り返されること、などである。

（3）公立学校と外国人学校　1990年代後半からブラジル人学校を中心に外国人学校が各地に増えた。オールドカマーの子どもについては民族学校が設置されており、各種学校として認可されている。しかし、ニューカマーの子どもの母語学校の場合は各種学校として認可されたのはごく一部で、ほとんどは塾や有限会社形態であり、施設をはじめ教育環境は十分でなく経営基盤も弱い。外国人学校の増加に伴って日本の公立学校から外国人学校への転校が目につくかと思えば、経済不況の波を受けて、

［9］文科省はようやく2005～6年度に全国1県11市で、外国人登録の学齢者リストから個別訪問などにより初めて不就学実態調査を実施した。不就学者は学齢者の1・1％であったが、転居や出国などで連絡がとれなかった者が17・5％もいたため、実態が精確に把握されたわけではない（文科省ホームページ「外国人の子どもの不就学実態調査」）。

かなり高価な授業料を払えずに公立学校に転校するケースも生じている。公立学校と外国人学校を渡り歩く子どものケースもかなりあり、両校でのカリキュラムが異なるだけに、ポルトガル語などの母語も日本語もいずれの言語も的確に習得できないという最悪の結果が危惧される。

（4）日本語教室での日本語指導——生活言語と学習言語　日本語教室は外国人の子どもが多い学校に設置され、少数在籍校の場合は設置されていないので、日本語教室があること自体が学習環境としてはまだしも恵まれていると言える。[10] 日本語教室は日本語指導の必要な子どもが対象なので、外国人だけでなく日本国籍であっても外国をルーツにする（異文化を背景にする）子どもが含まれることがある。母学級から一定の授業時間（国語や算数数学など）中に「取り出し」て日本語と算数数学を担当教師が集中的に教える。来日時期と在日期間とも関係するが、個人の能力差が大きいので個別指導を必要とする。平仮名はまだしも漢字の読み書きが難しく、同じ漢字文化圏の中国とアルファベット文化圏のブラジルなどとでは当然習得の速さに違いが出る。また、日常生活会話能力（「生活言語」）が高くても教科学習能力（「学習言語」）が高いとは限らない。小3頃から登場してくる学習言語の指導に注目していく必要がある。さらに、抽象的思考能力と結びつくと言われる母語の習得と学力形成との関係も解明すべき課題である。

（5）進学に関する明示的情報と黙示的情報　外国人向け進路説明会は日本の学校

［10］外国人集住地域の学校は外国人の多数在籍校となるが、非集住地域の学校ではクラスに1人いるかいないか、あるいは全校でも数人程度しかいないような少数在籍校となる。学校全体の数から言えば多数在籍校はごくわずかで、大多数は少数在籍校である。少数在籍校の場合は、外国人児童生徒教育のすべてがクラス（または教科）担任一人の肩にのしかかるという難しさがある。

制度や入試制度、近隣の高校・専門学校の詳しい説明がポルトガル語・スペイン語・中国語の通訳付きでなされるほど充実した内容である。しかし受験生に必要なのは冊子に印刷されている「明示的情報」だけでなくて、印刷されない「黙示的情報」である。高校間格差と大学進学率、受験準備を開始する時期と家庭での平均学習時間、塾や家庭教師の利用実態など。日本の受験制度のなかでは「黙示的情報」が重要で日本人はその情報を追い求めるのに、公には伝えられない側面なので、外国人にとっては接近しにくく、それが受験競争上不利となる。

(6) 校則と文化背景　1990年代の外国人児童教育の中心課題は学校適応であった。とはいえ特に学校の規則を理解するのは学校文化の違いがあって容易ではない。ある日本語教室で、学校に持ち込んではいけない物について学習する時間があった。ブラジルの学校なら許されるが、日本の学校では持ち込み禁止となっている物が実物で示されていく。①ピアス②ネックレス③指輪④マンガ⑤おやつ。それは物の名前を覚える日本語学習を兼ねていたので、その点では楽しく学べる時間となった。ただ、授業内容をさらに掘り下げてみると、そこには自文化認識として日本の（学校）文化の特徴が潜んでいることに気づかされる。①〜③は大人の持ち物で（先生の場合は大人だから許される）子どもの持ち物ではないから持ち込み禁止となる。つまり、学校（高校）を卒業してから大人になる、というように大人と子どもの線引きを学校で厳格におこなうのが日本の（学校）文化として考えられる。④⑤は子どもの物なのに持ち込み禁止なのは勉強の邪魔になるからである。④は明らかに教室で皆が勉強する秩序を乱す。では⑤はなぜ禁止か。それは給食（ブラジルの公立学校にはない）の邪魔になるからであり、しかも日本の給食は昼食というだけでなく、集団で準備し皆でいただき全員で片づけるという一連の仕事が一種の勉強（授業）だと考えられているからである（小学校教師にとって、給食指導は大切な職務である）。

大人と子どもの線引きにしても、勉強（授業）の集団的意味合いにしても、特に言語化されない自明の前提である。つまり、校則に文化が反映されているなら、文化の説明をせずに個々の校則を一方的に無理に守らせようとすれば、強制的な同化主義に陥りやすい。文化的背景を説明すれば、外国人の日本の（学校）文化に対する異文化理解が進み、校則の習得も容易になるはずである。

（7）教員の研修　M市やN市の全市的な組織である外国人児童生徒教育連絡協議会は、全市から担当教員や日本語指導員、母語学習指導員が集い、年間に何度かの定期的会合をもっている。外国人児童生徒教育に関するあらゆる議題を討議し、教育委員会への要望事項をまとめ、市内の情報交換をおこない、全国各地の最新情報も紹介される。日本語教室の公開授業も企画として実施する。この協議会の潜在的な意義は、教員研修の重要な機会になっている点である。大学の教職課程で多文化と教育に関する知識を教えられたこともなく、教職に就いてから外国人の少数在籍校ないし多数在籍校に異動し、日本語教育の必要性に迫られたとき、この協議会の研修機能が果たす役割は大きい。なお、Ｌ市にはそうした連絡協議会はまだ設置されていない。

《Ｂ　対象学校と「介入参画」》

■対象学校と「介入参画」の開始——ニューカマー集住地域の多数在籍校

１９９９年度から３年間続いた学校訪問を中心としたゼミは、２００２年度以後は文献輪読中心のスタイルに衣替えしたが、Ｌ市のなかでも特にニューカマー児童が多く、日本語教室に力を注いでいる小学校への訪問だけは時折り続けた。ゼミのテーマからすれば現地の学校見学は不可欠であり、地域社会と学校の変容過程の観察を続けて、定点観測ができればというねらいもあった。その小学校は多くのニューカマーが居住する団地に隣接している。「海碕団地」と「海碕小学校」と仮に名づけよう。

まず海碕団地の概況である。団地（現ＵＲ都市機構、総戸数約１５００戸すべて賃貸）に外国人の入居が目立つようになったのは１９９２年頃からで、２０００年代半ばまでの時期に急増し続けた。その後は経済不況のあおりを受けて若干は減少したものの、入居する外国人は２０００年代末になお３割を超す５００世帯以上で、そのうち９割がブラジル人である。[11] 団地周辺には金属工場や自動車部品工場、物流倉庫会社などが散在していて労働力需要が高い。団地の家賃は県営・市営住宅ほど安くはないが、ブラジル人を中心とした外国人が生活するには便利な生活環境となっている。団

［11］海碕団地の多文化化に関する住民の意識については、２００２年にアンケートとインタビュー調査を実施し、日常的な対人関係密度と異文化への寛容度との関係を解明して、いくつかの態度類型を抽出した（臨床レベルＸ・Ｙに相当する調査）。
今津孝次郎・児島明・岩村ウィリアン雅浩・中島葉子（２００５）「『多文化共生』過程の諸局面」『名古屋大学大学院教育発達科学研究科紀要（教育科学）』第51巻第2号。

地内の管理事務所にはポルトガル語を話す事務員が常駐し、飲食店をはじめブラジル食材・雑貨店もあり、近くには銀行や医院、大型ショッピングセンターもある。

１９９０年代には団地周辺でゴミ出しや騒音、不法駐車などのトラブルが相次ぎ、自治会役員が警官とともにパトロールに回るといった事態も一時的に生じたが、２０００年代に入ってからは落ち着き、同時に多文化共生に関わるさまざまな取り組みが始まった。団地集会所では毎週土曜日夜に市民ボランティアによる成人外国人対象の「地域日本語教室」が開かれていること。団地周辺地域全体を包括する「多文化共生推進協議会」が役所・自治会・学校・保育園・ブラジル人学校・消防署・警察・市民ボランティア代表などの参加を得て設置されたことなど、Ｌ市の多文化共生まちづくりに向けたモデル地区としてスタートした。

次に海碕小学校の概況である。海碕小学校は団地が１９７０年代後半に開発されるに伴って１９７７年度に開校した。外国人児童が在籍するようになったのは１９９１年度の４人が最初で、その後は年を追って20人から50人へと急増し、２０００年代後半には70人ほどに至っている。外国人児童が30人を超えた１９９７年には日本語教育適応学級（通称「日本語教室」）が開設され、文部省指定外国人子女教育協力校となった。２００６年度末に創立30周年記念式を迎えた際には記念パンフレットの最終頁は外国人児童数の変化グラフと日本語教育適応学級の記事、外国人児童全員の記念写真で構成され、多くの外国人児童の存在が海碕小学校の最大の特色であることがよく分かる。外国人児童としてはブラジルが中心で、他にフィリピンやペルー、バングラデシュなどである。また、日本国籍でもタガログ語や中国語、スペイン語を母語とする児童も在籍する。

多いときには５００人近くあった全校児童数も、少子化の流れのなかで２０００年代末には３００人未満にまで減少しているだけに、団地内外から通う外国人児童の占める割合は３割前後と、L市内では抜きん出て高い。日本人児童だけだと各学年１クラス編成のところ、外国人児童がいるのでかろうじて2クラス編成という実態である。また、日本語教室と母学級との連携をはかるために、いくつかの工夫が凝らされている。職員室に置かれた「指導ファイル」には、日本語教室で指導した内容が毎日克明に記録され、母学級担任がコメントを記入し、校長・教頭・教務主任などが目を通す。そして日本語教室担当教師は毎日母学級へ出かけて給食指導に当たり、担任とTT（ティーム・ティーチング）で教えて外国人児童の学習支援に当たることもある。

さて、２０００年に大学（院）生と共に初めて訪問してから、海碕小学校とは10年を超えるつながりがある。最初の5年間はゼミの一環として日本語教室の参観を毎年何回か繰り返した。続く5年間は次に述べるように大学（院）生が日本語教室支援のボランティアとして参加するようになり、つながりはより緊密になった。この10年間に校長は４人交代したが、交代のたびに訪問受け入れを次期校長に引き継いでもらい、これまで訪問しにくいと感じたことはない。海碕小学校は日本語教室を含む教育形態の模索を続けながらも、毎年のように教員の定期異動があるので、模索の成果を学校組織文化として確立しにくい。それだけに毎年のように外部の研究者や学生に見てもらうことによって、何かのヒントを得られれば、という願望があるようにも感じられる。

２００６年の夏、訪問見学に参加して外国人児童生徒教育をテーマに選び、卒業論文の準備をしていた教育学部４年生の一人から、週１回ボランティアとして通いながら日本語教室の実際をもっと詳しく知りたいという申し出があった。それまで学校訪問に参加した大学院生が修士・博士論文作成のためにＬ市の中学校やＭ・Ｎ市の小学校で個別に日本語教室の支援をしながら調査をするケースはすでにあったが、学部生から海碕小学校でのボランティア希望が出されたのは初めてである。さっそく学校側に打診したところ、快く受け入れてもらった。二学期だけの短い期間であったが、日本語教室の手伝いが学校側には大変好評で、論文作成の資料集めについても協力してくれた。さらに三学期も続けてほしいと要望され、その４年生は引き続き通った。

そのうえ学校側から寄せられたのは、２００７年春の新学期からもっと多くのボランティアを派遣してもらえないかという依頼であった。その依頼から伝わってくるのは、日本語教室には担当教師がいるけれども、能力差の大きい外国人児童の個別指導にまで十分に手がまわらないという悲鳴に近い声である。ちょうど私も単なる参与観察から次の「介入参画」段階への移行を模索していたときだったので、さっそくボランティア募集をしたところ、10人の希望学生が集まった。小学校教職課程のない名古屋大学の学生にとっては、小学校教師になるための準備ではなく（中・高校の教師志望者は含まれる）、多文化化する地域を実際に知って、ボランティア体験をすることが大方の動機である。長年の学校訪問の便宜提供に対する互恵性という意識も私の念頭にはあった。

他方、大学の立場からすれば、学生ボランティアは研究と教育に並んで近年大学の意識が高まってきている「地域貢献活動」の一環である。海碕小学校でのボランティア活動が軌道に乗ってから、その紹介記事が名古屋大学広報誌に載ったのも、大学が学生の地域貢献活動を重視している表れである[12]。ボランティア学生は各自週１回訪問の割合なので、毎日誰かが日本語教室に来て担当教師団の指示に従って手伝い、給食は母学級で子どもたちと一緒にという態勢である[13]。

海碕学校からボランティア派遣が要請された背景には、学校組織の内部と外部で生じた変化への適応があったと考えられる。内部適応について言えば、外国人児童が一時的に80人（各クラスに10人程度）以上に増えたことに対応し、「初級クラス」（日本語と学校に慣れていない児童の完全取り出し）を新設して、「中級クラス」（必要に応じて取り出し。低学年・中学年・高学年の３グループ編成）との２クラス体制への移行である。しかも初級クラスに母語学習指導員が新たに指導者として加わった。この追加はL市教育委員会が市内でフィリピン人・ブラジル人・中国人がそれぞれ集住する三地区に

[12] 加藤里奈（２００８）「多文化地域社会への参画」名古屋大学広報室編『名大トピックス』１７７号。

[13] ボランティア学生は卒業すると新人と入れ替わるが、これまで教育学部生だけでなく、多文化に関心を寄せる文学部生、国際経済開発に関心をもつ経済学部生、高校教員志望の理学部生、それに多文化教育で修士論文を準備中の教育発達科学研究科の大学院生などが参加している。私はこのボランティア・グループの顧問役で、海碕小学校との連絡調整に当たる。学期に1回ごと小学校で開かれる日本語教室担当教師団との合同ミーティングと、大学内で適宜開かれるボランティア・グループのミーティングに助言役として参加している。

母語学習指導員を配置する新規施策で、海碕小学校へはポルトガル語を話すスタッフが派遣されたのである。

外部適応について言えば、地域全体に教育支援の環境が整ってきただけに、外国人児童教育にとって学校は内部に閉じ籠って模索を繰り返すのではなく、外に開いて人的・組織的・情報的資源を有効に取り入れようとする積極的な態度が生まれたことである。

こうした新体制への移行のなかで学生ボランティアの活用が具体化し、「学習言語」習得を含めた本格的な学力保障への取り組みが２００７年度から開始された。初年度の反省として学校との連絡ノートに書かれた担当教師の一口感想から抜き出す。

「10人ものボランティアに来てもらって一人ひとりに指導が行き届くようになり、外国人児童に落ち着きと学習意欲が出てきました。これからはかれらが高校さらに大学進学を果たせるような基礎学力の育成を今までよりも一段上の目標にしたいと思います。」

学生ボランティアも次のように自らの経験を振り返る。

「小学校に通うまでは、地域の国際化や外国人住民に関する情報はかなり持っており、自分の考えも持っているつもりでした。しかし、日本語教室に飛び込んでみると、その情報や考えは他人事の視点であったことに気付きました。小学校は地域の縮図であり、窓口です。関わることによって地域社会で自分は何をするのかという視点が生まれました。」
「大学の講義だけでは知りえない、先生方の表情の変化や感情の動きまで触れることができます。……日本語教室指導者の不足、転入出の繰り返しで適応に苦しむ子どもたち、日本人と外国人の子どもの間に存在する壁など、子どもたちを取り巻く深刻な問題もあります。今後も日本語教室をサポートしつつ、地域の多文化の問題について深く考えたいと思います。」

ここで、日本語教室に通う学生ボランティアの役割について改めて考えておきたい。かれらは外からの一時的な参観者ではなくて、学校の教育実践の一端に参加する実践者であり内部からの観察者である。かれらは大学内で適宜ミーティングを開いて情報交換をして課題を確認し合うが、それに私も参加する。そういう意味では、Ⅳ部29項で述べたようなシェルパ役としての教師院生に近い役割を果たしていると言える。もちろん、教師院生は学校現場から大学での学術研究を志向し、学生ボランティアは大学での研究の立場から学校の現実に向かうので両者は異質である。ただ「介入参画」をめざす研究者にとって両者の役割には重なり合う面があり、学校での実践を手伝うボランティア学生は「准シェルパ」と呼んでもよいかもしれない。

新たな体制による日本語教室の取り組みが2年間続いて路線が敷かれたので、海碕小学校としては学力保障の第一歩というべき「学習言語」に焦点を

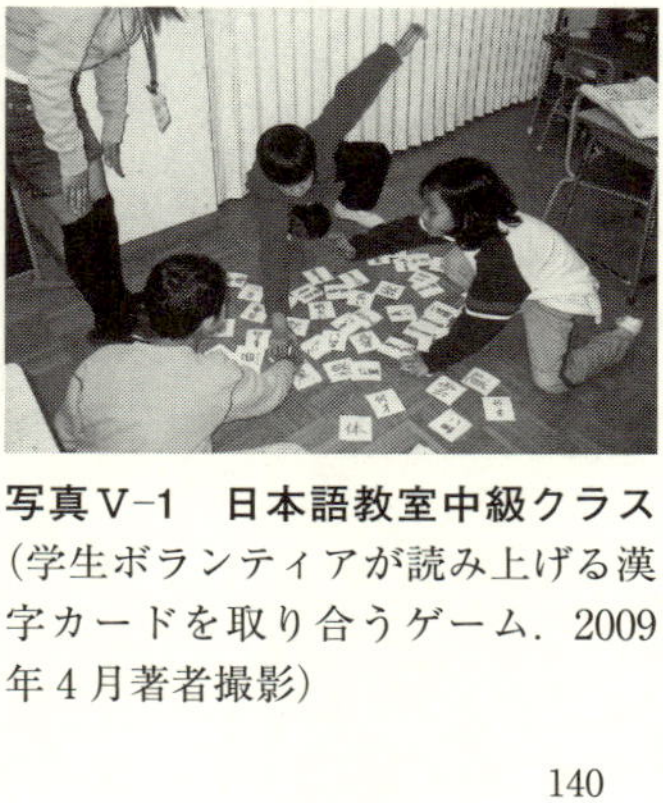

写真V–1　日本語教室中級クラス（学生ボランティアが読み上げる漢字カードを取り合うゲーム．2009年4月著者撮影）

写真V–2　日本語教室担当教師との打ち合わせ（子どもの様子などについて情報交換．2007年8月著者撮影）

当てるべき段階を迎えていると私なりに判断した。海碕小学校での私の役割もⅢ部22項の分類に従えば、当初の③役割の〔Bd〕から実質的に〔Ad〕形態に移行することになる。

■外国人児童の学力保障――文化不連続説と機会構造説

一口に「学力」といっても多様な意味があるので、次の四つの側面に分けておきたい。〔a〕興味・関心を含む学ぶ意欲の強さ、〔b〕知識を獲得するための学び方の習得、〔c〕習得した知識、〔d〕その知識をペーパーテストで評価した成績。「学力」の意味としては四つの側面を総合した「広義」と、〔c〕のみを指す「狭義」があるが、一般には〔d〕テストの成績という「最狭義」で使われる場合がほとんどである。外国人の学力が論議されるのはまず〔d〕の意味である。

　個人差は当然あるにしても、ニューカマーの子どもは日本語能力が十分ではないだけに概して学力は低い。特に小3の時期から教科学習が本格的に進むうちに、日本人との間に平均学力の開きが出てくる。世界的にもマイノリティの子どもの学力が平均的に低いことが指摘され、その原因がさまざまに探究されてきた。常識的にも分かりやすいのは、経済的貧困や親の教育意識の低さ、家庭での不適切なしつけ、不活発な言語生活などに由来するという「物質的・文化的剥奪」の観点からの説明である。もちろん、そうした観点が当てはまるケースも見受けられるが、ニューカマーの子どもの学力の低さを物語る説得的な議論として「文化不連続説」をあげたい。[14]
　この説に従えば、かれらが母国で馴染んだ学校文化と日本の学校文化との乖離に気づかされる。特にブラジル人に注目するなら、通学や勉学そのものの重要性への態度が日本人とはかなり違っている。高校と大学への進学率が日本ほど高くないブラジルでは、学校の意味が日本とは異なっており、そこに不連続があると言えよう。もちろん、学校制度上の相違もある。たとえば、日本の義務教育では「課程主義」（「飛び級」や原級留置きとしての「落第」）ではなくて「年齢主義」だから進級するのは自明の前提である。他方、ブラジルには「落第」があるので（最近は変わりつつあるようだが）、日本で小学校6年間をそのまま進級していくと、保護者は学力がついているものと思い込んでいたところ、6年生の通知表で「オール1」相当の低評価に驚くといったことが生じるのである。[15] その他、先ほど「学校参観に基づく研究討議」で列挙した「（5）進学に関する明示的情報と黙示的情報」や「（6）校則と文化背景」も併せて考えるならば、学校教育をめぐる両国の文化が不連続であることが日本の学校での学業達成の障害となっている側面を見落とすことはできない。この側面は学力の諸側面のうち「（b）知識を獲得するための学び方の習得」の重要性を浮かび上がらせる。
　もう一つ、マイノリティの低学力を解明するための説明原理「機会構造説」にも注目しておきたい。[16] つまり、マイノリティが社会のなかで就くことのできる職業が長い歴史のなかで制約されて不平等構造が出来上がっているなかでは、かれらは将来の進

[14] 文化不連続説の代表的な研究の一つがバーンスティンの言語コード論で、学校で伝達される中間階級文化（言語事象では「精密コード」）と労働者階級の子どもが家庭で身につけた文化（言語事象では「限定コード」）との間に断絶があり、それが労働者階級の子どもたちの学業達成の失敗を導く、というものである。
　Bernstein, B. (1971) *Class, Codes and Control*, Vol. 1, *Theoretical Studies towards a Sociology of Language*, Routledge & Kegan Paul.（萩原元昭編訳（1981）『言語社会化論』明治図書）。

[15] 通知表の様式は校長の権限で決められるので、学校によっては、外国人の通知表は日本語学習がどれだけ進歩したかを中心に絶対評価をおこなう独自の内容とし、外国人の児童と保護者の意欲を削いでしまうような「オール1」相当の低評価に

路を限定されたものとして受け止め、学業に対するアスピレーション（向上心）を低下させてしまう、というものである。この説は学力の諸側面のうち「［a］興味・関心を含む学ぶ意欲の強さ」の重要性を浮かび上がらせる。ニューカマーの今後を考えてみても、十分な教育を受けられずに大人になった外国人が地域社会に登場し、就労もままならずに社会の下層に固定されて不満を蓄積するような実態になれば、それは地域社会全体の不安定要因となるだろう。学力保障は児童生徒個人にとっての課題のみならず、安定した地域社会の構築という多文化共生の「まちづくり」にとっての大きな課題でもある。

就労の不平等構造→学業への低アスピレーション→就労の不平等構造という悪循環を打破する一つの方途は、学業へのアスピレーションを高めて同時にキャリア教育を伴うような学力保障をはかることである。生活言語と校則遵守を柱に日本の学校環境への適応指導に力点を置きすぎた従来の外国人児童教育は、本来の学習支援に力点を移して取り組み直すことが要請されている。学習言語の習得はその一歩として捉えることができる。

■学習言語の調査——動機づけの必要性

2000年代に入ってからニューカマーの在日期間が延びてくるとともに、学習言語に関する議論が外国人児童生徒教育の新たな焦点となってきた。[17] 会話に不自由しな

はならないように工夫している場合もある。

［16］オグブの主張に代表されるような「機会構造説」は、日本の同和地区での低学力問題にも当てはめることができる。

Ogbu, J. U. (1978) *Minority Education and Cast: The American System in Cross-Cultural Perspective*, Academic Press.

［17］アメリカの実態に詳しいバトラー後藤裕子も、英語の特別学習を必要とする子どもは英語が母語である子どもと比べて学力が劣るという歴然とした学力格差の現実に注目し、そうした学力格差を生み出す背景には学習言語の問題が介在していると指摘した。

バトラー後藤裕子（2011）『学習言語とは何か——教科学習に必要な言語能力』三省堂。

いから教科学習も大丈夫だと予想していたら、成績が振るわないことに教師が驚くといったケースはこれまで珍しくなかった。そこに介在しているのが学習言語の問題であるという見当だけは共有されるに至ったが、学習言語のしくみについてはまだ解明されていない部分が多い。そこで、学習言語の意味について整理しておきたい。

　学習言語とは教科学習に必要で、読んで書いて考えて討議するための「認知学習言語能力」のことで、その性質は以下の通りである[18]。

　①生活言語＝日常言語能力があっても、学習言語が身についていないことが多い。一般に前者の習得には1〜2年かかるが、後者の習得には6〜7年という長い期間が必要だとされている。

　②学習言語は「具象的」な会話ことばでなく、読み書きと密接に関連し（特に漢字能力）、「抽象的」思考と関係する。ただ、抽象的思考の発達は母語のはたらきが大きいと言われながら、母語と日本語そして抽象的思考との発達的相互関係については専門的にも未だ十分に解明されていない。

　③学習言語が大きな課題になるのは学習内容が高度化し始める小3の頃からで、この時期から日本人と外国人の平均的学力の間に大きな開きが出始める。

　④生活言語は日常会話の必要性に迫られて自然と身につくが、学習言語はなぜ学ぶのかという「動機づけ」が備わっている必要がある。動機づけには次の2種がある。

［a］「統合的動機づけ」（日本人や日本文化に共感し好意的な感情をもつときに、日本社

[18]「認知学習言語能力」（CALP：Cognitive Academic Language Proficiency）の性質については、白井恭弘（2008）『外国語学習の科学——第二言語習得論とは何か』岩波新書、第3章を参照。

会の一員として参加したいと思う傾向が強く、持続的な学習意欲につながる）。〔b〕「道具的動機づけ」（受験や就職などに有利になるという、実利的な目的を達成するための手段として認識される）。

以上のような諸性質を念頭に置いて学習言語の指導を学力保障の観点から捉え直すと、単に言語だけを教えればよいのではなくて、以下の４点のような幅広い取り組みが要請されることに気づく。

㋐日本の文化と学校文化について、あらゆる機会を生かして広く説明し「統合的動機づけ」をはかる。それには日本文化と学校文化に対する自己認識を不可欠とする。

㋑日本の学（校）歴主義の現実を一方で伝えながら、他方では児童の興味関心を生かすような進学や職業選択の教育を進めるなかで「道具的動機づけ」もはかっていく。[19]

㋒小３が教科学習の大きな転機であるなら、とりわけ３〜４年生の時期での学習言語の指導を丁寧に進める。

㋓「具象」から「抽象」への思考の飛躍について意識的に指導する。抽象的思考の基礎に母語があるなら、媒介語としての母語を生かす手立てを工夫する。

なお、生活言語から学習言語へ架橋するような日本語学習プログラムとしては、文科省による「日本語を母語としない子どもたち」への「第二言語としての日本語」（ＪＳＬ）プログラムがある。[20] ただし、このプログラムは教科学習内容全体を体系的に網羅したカリキュラムというよりは、教師が授業を構成する際の枠組みや視点を示

[19]「学歴主義」は、中卒・高卒・大卒というようにどの学校段階まで卒業したかを人の能力業績評価の基準として重視する考え方であり、「学校歴主義」とは、○○高校卒・△△大学卒というようにどの学校・大学を卒業したかを人の能力業績評価の基準として重視する考え方である。高学歴社会では「学歴主義」よりも「学校歴主義」が先鋭化する傾向にある。いわゆる「お受験」ブームはこの「学校歴主義」を具現化する現象である。

[20] ＥＳＬ（English as a Second Language）の日本語版ともいうべきＪＳＬ（Japanese as a Second Language）プログラムは、小学校編が２００３年に、中学校編が２００７年に発表された。

すものであり、ＪＳＬに基づく教材研究と資料作成、指導案作成はなお教師の実践に委ねられている。

以上のような学習言語に関する議論を踏まえ、２００９年６月に日本語教室担当教師と学生ボランティアとの合同打ち合わせ会で、以下の調査計画を私から提案した。学校側と研究者側双方のニーズが一致した計画なのですぐに合意を得た。そこで６月から７月まで１ヵ月余りの間、小さな調査を実施した。

（1）調査目的

外国人児童生徒の学力向上について全国で議論されるなかで学習言語が注目されるようになってきたが、学習言語の仕組みやその指導法についてはまだ十分に解明されて開発されるには至っておらず、焦眉の課題である。しかもこの課題は、外国人児童生徒のみならず、日本人児童生徒でも学力の劣る者にとって共通する重要な問題であると考えられるだけに、学力向上にとって避けて通ることはできない。

（2）調査方法

①教科としては、外国人の国籍や性別、来日時期、学年の違いを超えて一般性をもつ算数を取り上げる。②日本語教室での算数の指導の際に（担当教師と学生ボランティアの計10名）、児童が理解しにくい箇所やつまずいている箇所、勘違いや間違っている箇所について、所定の小さなカードにその場面・状況を簡単にメモする（1件1枚）。もし、その理由や問題の性質について感じ考えることがあれば簡単に追記する。

メモ書き作業は負担にならないように簡単に機械的に進め、カードは各自が保管し、7月に全員のものを合わせて内容を検討する。③所定のカード書式は、児童名・学年・日本語能力程度・単元（教材）、指導者名・感想（意見）、日付の各事項について記入する小さな欄と、場面・状況（事実）を書き込む大きなスペースを配置した。

（3）調査結果

7月初旬に中間調査結果の交流会をもった。調査カードをもとに多くの事例が報告されたが、算数といえども要は日本語の問題であるという議論になった。典型的な事例を二つだけ紹介したい。

【例1】割り算計算（4年）「336÷8」の説明

黒板に32を書いて「下線」を引き「引いて、1」と言ったら、それが理解できない。分からない理由を考えてみると、学習言語に関わるいくつかの注意点が思いがけず浮かび上がった（図V-1）。

①正確には「33引く32は1」と言うべきところを省略して、「1」とだけ言ったので分からない。当然分かっているはずと説明のことばを省いただけなのだが、説明で省略することはしばしばある。たとえば「3と4で7」（3たす4は7）が分からない。このように「省略・簡略化される用語」に注意する必要がある。

②「引く」は知っていても「引いて」が分からない。「たす」と「たして」など、

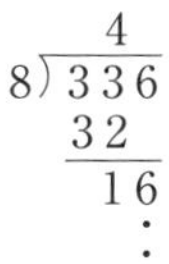

図V-1　336 ÷ 8 の計算

単純な「変形」だからと細かく説明しない場合に理解できないことがある。つまり「変形の用語」に着目しなければならない。

③「下線」はその下に引き算（足し算）の結果を記入することを意味しているが、記号に意味が込められていることが分からない。〈＋－×÷cm dl ＝〉といった記号には慣れていても、下線に込められた隠れた意味に慣れていないようなケースは他にもあるだろう。つまり、幅広い「記号の用語」に着目する必要がある。

【例２】文章題（４年）「（図が示されて）水そうに入れた水は何リットルでしょうか」の問い

解答できないのは、解答の導き方が分からない以前の問題として、題意そのものがいくつかの点で分からないからである。

①「水そう」が分からない。現物をまったく知らないか、あるいは現物を知っていても名称を知らない。これは生活言語の問題であり、算数の文章題に登場する以上、学習言語の基礎として捉えるべきである。

②「何」が分からない。「何で（なんで）？」は生活言語でよく使うが、それは理由を問うていて、量を問う場合もあることが理解できない。他にも「何人」「何個」「何組」など、似た用語はいくらでもある。要するに設問を「説明」する用語は学習言語として重要な側面となる。

③「リットル」が分からない。これは算数の学習言語の中核というべき専門用語が理解されていない。

以上のような結果の整理を通して浮かび上がってきたのは、一口に学習言語と言ってもさまざまな層から成り立っており、それら諸層はどう関係しているのかという疑問である。

■学習言語の三層構成仮説――専門用語・説明用語・生活用語

小さなカードにメモを書くだけの作業とはいえ、日本語指導中または指導終了直後に記入するのは手間がかかり容易ではなかったが、一人が数枚を書いて最終的に調査カードが計50枚集まった。中間結果交流会の討議も踏まえて、それらすべてを私の方で整理して分析してみると、学習言語は主に三つの層から成るという仮説を得た。7月下旬に日本語教室で開かれた調査結果の最終交流会では、以下のようにA～Cそれぞれに名称を与えて、私なりの考察も含めて報告した（図V-2）。

A「専門用語」　教科の学習言語としてすぐに連想する専門の用語である。〈＋ － × ÷ cm〉といった一般的な「記号の用語」をはじめ、子どもたちが理解できていないとカードにも記録された「筆算」「式」「位」「単位」「最小公倍数」などの教科にとっての基本的な専門用語である。ただし、このAだけに注目していると、学習言語の全体を把握できず、ひいては学力保障の具体的指導法を見出すことはできないだろう。

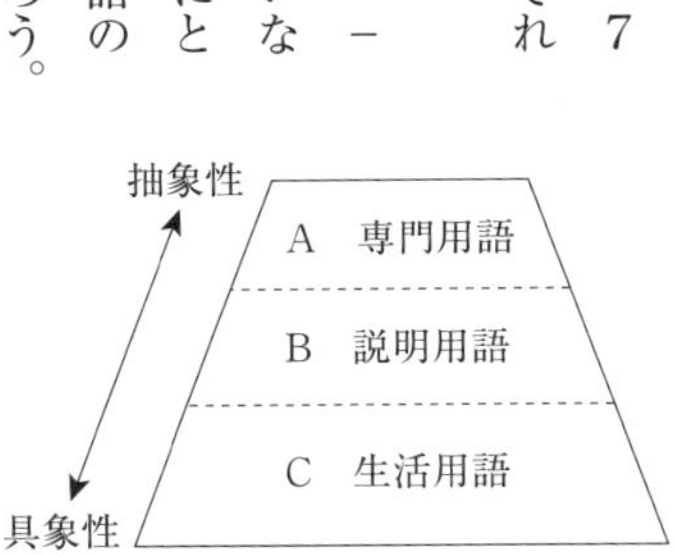

図V-2　学習言語の三層構成

つまり、以下のB・Cを見落とすべきではない。

B「説明用語」　BはAとCを接合する役目と考えられ、調査結果で指摘した「省略・簡略化される用語」や「変形の用語」、あるいは筆算の「下線」のような「記号の用語」を含む。しかも具象を抽象に高める踏み台となるから丁寧に説明する必要があるのに、こんな簡単なことは分かっているはずと説明を省いてしまい、外国人には理解しにくい。

C「生活用語」　生活言語と学習言語を厳格に区別すると学習言語を狭く捉えてしまう。教科学習には両者が混在するから、部分的に重なっていると見るべきである。そこで「生活用語」とはBと重なった生活言語のことを指す。「助数詞」（一つ・一枚・一匹・一冊など）をはじめ、特に文章題には先ほどの「すいそう」も含めて多くのCが必ず登場する。

以上の三層は抽象性が強いAから具象性が強いCへ、その中間にBが位置するという構成である。この三層構成図式で考えると、学習言語に関して次の四点を指摘できよう。

〔ア〕学習言語をAに限って（狭義）捉えやすい。しかし、A〜C全体（広義）で捉えないと教科学習の十分な理解には至らないだろう。CやBでの小さなつまずきでも、そのままにしておくとAも理解できなくなって学力保障はおぼつかない。

〔イ〕特に見落としやすいのはBである。なぜなら、指導者はBについて当然分かるものと軽く考えがちであり、自明のこととして省略したり、早口で発言してしまっていることが多いからである。

〔ウ〕生活言語がBと連動して使われるとCになる。したがって、生活言語と学習言語の概念を峻別しすぎることは適切ではない。学習指導の場面では両者は常に融合するかたちで登場するという認識が必要である。

〔エ〕学習言語の三層構成は、外国人児童だけでなく日本人児童を対象にした教科指導の場合にも留意すべき点であろう。日本人児童のなかにも、同じようなつまづきで算数が分からない、あるいはできないケースがあるはずである。

さて、以上のような報告に対して出された日本語教室担当教師の感想と意見は以下の四点にまとめられる。

①算数でも日本語指導が必要ではと日頃何となく感じていたことが明確になった。算数ならば数字が主役だから日本語能力が不十分でも理解できるはずだと思いがちだが、それはやはり安易な考えである。

②外国人児童で日本語学習から逃れたいと思っている者は、文章題が出ると設問の文章を理解しようとせず、自分勝手に数字だけをひねり出し、答えを出したことで作業が終わったとすぐに満足してしまう。算数でも日本語学習への親しみをどう育てるかが課題である。

③学習言語の三層構成の説明はよく分かる。たしかに「B説明用語」はあまり意識

していなかった。算数の指導にとって留意すべき視点である。

④以上三点は、外国人だけでなく日本人児童にも当てはまる。全国学力・学習状況調査の算数の結果からいつも指摘されるのは、計算問題は得意でも文章題では弱いという特徴である。それは算数の能力というよりも前に、日本語能力の観点から再検討する必要がありそうだ。

《C　事後評価》

■成果と課題——ボランティア学生を介した「介入参画」

以上の「介入参画」過程を振り返り、成果と課題を整理して事後評価をまとめておこう。

①この研究事例では、ボランティア学生を介することで学校のニーズに応え、「介入参画」が強化され、教師と研究者の互恵関係が実現していることを特徴としている。毎年4月に作成される日本語教室の年間計画には学生ボランティアの参加が事前に書き込まれていて、海碕小学校にとって学生の援助活動は不可欠となっている。それは開かれた学校づくりの一端を担っていることも示している。研究者にとっては、日本語教室の日常を具体的に知り得るという点で、そして学生が抱く素朴な感想としての気づきや疑問が「介入参画」過程での細かな課題を触発するという点で、かれらは

「准シェルパ」としての役割を果たしていると言えるだろう。

②学校臨床社会学は、個別の学校が抱えた問題を解明し解決策を検討する際に、その問題をミクロな視点で捉えながら、同時に地域あるいは社会と文化全体のマクロな視点からも分析する研究である。日本語教室の実践や外国人児童教育の研究にとって懸案だった学習言語の問題に関して小さな調査を実施することができたが、浮かび上がったのは、日本語の用法をめぐる自文化認識の重要性である。外国人児童に算数を指導するとき、「こんな簡単なことがなぜ分からないのだろう（要は頭が悪いのだ）」とつい教師が思ってしまうようなことはこれまで全国のニューカマー児童のいる小学校では珍しくなかった。算数指導に現れた日本語用法（特に学習言語の「B 説明用語」）が自明の前提となっていたことに気づくなら、算数以外の他の教科指導でも日本語の問題として見直しが要請されるだろう。

③ニューカマー児童は最初から自ら望んで日本に来たのではない。親の都合で連れて来られたのである。その点では自分の意志で日本の大学などに留学する学生が積極的に日本語を学ぶのとは取り組み姿勢がまったく異なるだけに、日本語教育を考えるうえで動機づけの側面がもっと注目されるべきである。すでに述べたように、マイノリティの子どもたちの低学力には学業への低アスピレーションが作用していると主張した「機会構造説」や、学習言語には「a 統合的動機づけ」と「b 道具的動機づけ」が備わらないと習得は難しいとの見方に立てば、日本の学校が異文化を背景にす

る子どもたちとどう向き合うかという幅広く奥深い課題に思い至る。

④本研究事例では日本語教室に臨床の場が限られているために（だからこそ10年以上にわたる学校訪問継続が可能となったとも言える）、海碕小学校の多文化共生教育に関する学校組織文化全体の検討が残された課題となった。また、集住地域の多数在籍校だけでなく、ニューカマー児童がいる小学校で大多数を占める非集住地域の少数在籍校での組織文化がどうであるのかも興味深い課題である。

⑤海碕小学校ではブラジル人が多数を占めるので、ブラジルが外国の代名詞であるかのように過度の一般化が生じやすい。それが昂じると、外国人児童のなかにさらなるマイノリティをつくり出してしまう。事実、他の少数の外国人児童（バングラデシュ・フィリピン・ミャンマー・中国など）の支援が結果としておろそかになりがちなことは否めない。配置された母語学習指導員はポルトガル語であり、日本語教室でもブラジル人に対しては母語を生かした指導ができても、他の外国人の場合はそれができない。とはいえ、日本語教室ですべての母語に対応することは不可能である。母学級の場合もそうである。それだけに、各母語を使って各児童と話すという対処法ではなくて、多文化共生に向けた基本姿勢の確立こそ要請される。それは文化の多様性を知って尊重し、そこから自文化を謙虚に認識して、日本の文化や学校のルールは丁寧に説明して対話しようとする基本姿勢である。

⑥本研究事例は外国人児童の学力保障に向けた基礎的教育としての日本語指導をテ

ーマにしている。ただ、日本人児童のなかにも日本語能力に劣る実態があるとしばしば指摘されるように、学習言語の取り組みを日本人学業不振児にも適用して、その学力保障をはかることは、外国人児童の場合と共通する。

■その後の経過――日本語学習の動機づけをめざして

日本語教室の初級クラスで個別指導に当たることが多い学生たちは、日本語学習にやる気を出さず、いくら指導しても学習内容が身につかない子どものことを気にして、大学内でのボランティア・ミーティングでもその点を常に話題にしていた。つまり、日本語学習の動機づけに強い関心を向けたのである。かれらは日本語教室の連絡ノートに子どもたちの様子を中心に日誌をつけていて、担当教師は毎日のように目を通してコメントを記して相互に交流している。２０１０年７月ある日の何気ない日誌が担当教師の目を引いた。その学生はボランティア仲間と学校側双方への気軽な提案のつもりで書いたようである。

「……一つ提案です。大学生の私たちをみんなに紹介してはどうでしょうか。子どもたちに将来のビジョンを描いてもらうために、勉強して中学・高校・大学へと進学すればもっとこんなに勉強できる、こんなしごとに就ける、ということを知ってもらえるのでは。そうすれば漢字などを学ぶ意欲も出てくるのでは。具体的に何をすれば良いのかはまだ分かりませんが。……」

この箇所に担当教師はコメントを書いた。「基本的に賛成です。月曜1限の外国人児童全学年集会で発表してもらったらどうでしょうか。ただ、大学進学に向けた日本語学習の意義に目的を限定する必要があるかな?」。

たしかに、在日期間が短く終わるのか長く続くのかが分からないような場合は特に、子どもの日本語学習への動機づけは弱いままである。そんな不安定な状況下でカタカナや漢字をどう教えたらよいのか、日本語指導担当教師も共通して悩む問題である。学校の前向きの反応を受けて、さっそく学生3人が大学内ミーティングで意見交換した結果、「将来のビジョン」を「夢」というキーワードで表現し、「わたしのゆめ――つきたいしごと」というテーマで各人が特定の職業を簡単に紹介することになった。学生自身も子どもも関心をもつような職業をいくつか取り上げて各自で調べ、4~5シートのパワーポイント資料を作成して持ち寄った。私も加わって相互に検討し、「獣医」「看護士」「通訳」の三つを選んだ。10月には日本語教室担当教師と校長を前に事前発表して意見を求めた。いくつかのキーワードをあげて情報量を絞り込むこと、話の最後に学生ならではの率直なメッセージを子どもたちに投げかけてもらったら、などの意見が出された。

11月下旬から12月初旬にかけての月曜日ごとに、外国人児童約40人を相手に、一本20分間ずつ、3本を発表した。第1回目の「じゅういのしごと」では、①どうぶつ、②じゅういのしごと、③どうやったらなれるの、④じゅういにひつようなこと、⑤いまからできること、という5シートを提示し、シートごとに子どもたちに発問を繰り返すと、中・高学年から相次いで手が挙がって賑やかな集会になった（写真V-3）。日本語教室から4人の担当教師が参加し、参観していた校長からは「分かりやすい内容だ」との感想をもらった。日本語学習への意欲づくりをねらった学生の発表はキャリア教育に関わる内容だったので[21]、低学年の子どもたちには理解しにくかったかもしれないが、高学年からはさまざまな反応があった。3回分が終わったあと、子どもたちが書いた感想文から抜き出そう。

「じゅういさんと言う名前しらなかった」（4年）「じゅう医さんはどうぶつの命をすくうところがすごいなとおもいました」（5年）「じゅう医、かんごし、つうやくになるためにわ　べんきょうをいっぱいしないとなれない」（6年）「つうやくはいっぱいいちがうくにの友達をつくる」（6年）

2007年以来の学生ボランティア支援活動のなかで、外国人児童全員に対して学生がプレゼンテーションを披露するのは初めての試みであり、「参画」の新たな役割を学生自身が開発したかたちである。しかも、日本語指導の範囲を超えて、学習言語に伴う「道具的動機づけ」に相当するような内容になった。大学生にとっても、学校現場を借りてプレゼンテーション能力を向上させる絶好の機会である。担当教師団からも、年齢の近いお兄さんやお姉さんの発表は子どもたちに親しみやすく刺激的なので、2011年度にもぜひ続けてほしいとの要望が出された。

[21]「キャリア教育」とは従来の「進路指導」を刷新する用語として1990年代末から使われるようになったもので、進学指導や就職指導に限らずに、個人の人生の軌跡（キャリア career）に沿った長期的な展望のもとに、次のように広く捉え直した新たな考え方と取り組みである。①児童期から成人期までの長い期間を扱う。②個人の意思決定を大事にしつつ、個人の発達を支援するという原理に基づく。③職業能力だけでなく、社会人としての自立に向けた生活意欲や人間関係能力、将来設計能力の向上なども含める。

写真V-3　「わたしのゆめ―つきたいしごと」の発表
（2010年11月外国人児童全学年集会にて著者撮影）

【コラム⑥】多文化共生

「共生」は生物学ないし生態学の用語で、異種の生物が互いに利益を受けながら共存する様式を意味するが、１９９０年代に入ってからＮＰＯなどの市民活動で使われ始めた「共生」は、外国人住民の増加に直面する地方自治体が行政施策を表現する用語「共生社会」ないし「地域共生」として使われるようになった。地域が抱えた多くの深刻な問題をどのように解決すればよいのかについて模索する自治体が「外国人集住都市会議」を結成し、２００１年10月に静岡県浜松市で初めて開催した会議（静岡・愛知・三重など6県13市首長）で採択された「浜松宣言」は、次のように結ばれる。

「……日本人住民と外国人住民が、互いの文化や価値観に対する理解と尊重を深めるなかで、健全な都市生活に欠かせない権利の尊重と義務の遂行を基本とした真の共生社会の形成を、すべての住民の参加と協働により進めていく。」

この基本方針に沿いながら、外国人集住都市会議は毎年の会議を重ねながら、国の消極的取り組みに対して訴える具体的提言としてのアピールを強化していく。２００４年10月に愛知県豊田市で開催された会議（6県15市町首長）の「豊田宣言」では、「真の共生社会（多文化共生社会）の形成」という表現が使われている。

「多文化共生」という用語は学術研究でもさまざまに用いられており、一つの社会のなかの異なる人種・民族の文化を尊重する「多文化主義」と異種の生物が共に生活する「共生」とを合わせた用語である。その内容は①異なる民族や国籍の共存、②相互理解と尊重、③地域生活への参加と対等な協力関係、の三点に集約できよう。[1]

以上のように眺めてくると、自治体が頻繁に使う「多文化共生」ということばは理想的地域社会像を麗しく謳いあげるスローガンとしての側面が強い。学術研究での「多文化共生」も、「実態」の側面と「理想」の側面が混在して論じられがちである。

とはいえ、多文化共生の実現は、いずれ制度的な「社会参加」に行きつかざるをえないだろう。そのときには「国民」とは国籍をもつ者を指すのか、国籍をもたなくても地域に暮らす定住外国人も含めて広く「市民」（citizen）を指すのかという点が本格的に論議されるはずである。最近では合法的に永住できる地位にある外国人を「デニズン」（denizen）と呼ぶ用語も知られてきた。[2] 今後もなお各地域で「多文化化」が進行するとすれば、焦点は「住民」と「国民」の狭間で「デニズン」や「市民」という考え方がいかに浸透して制度化の方向に動いていくのか否か、という点である。

[1] 広田康生（１９９７）「多文化共生社会」駒井洋編『新来・定住外国人がわかる事典』明石書店。
都築くるみ（１９９７）「共生」駒井洋編、同右書。

小内透（１９９９）「共生概念の再検討と新たな視点——システム共存と生活共存」『北海道大学教育学部紀要』79号。

天野正治・村田翼夫共編著（２００１）『多文化共生社会の教育』玉川大学出版部、など。

[2] 近藤敦（１９９６）『外国人の参政権——デニズンシップの比較研究』明石書店、など。

【研究事例2】中学校のいじめ防止

《A　課題設定》

■いじめ社会問題の「三つの波」――マスメディア・世論・政策

子どものいじめは思春期（青年前期）に発生する攻撃的行動で世界各国に見られる日常的な現象である。[1]ただ、学校でのいじめはクラス集団が年間を通じて固定的で同年齢「ヨコ型」関係であり、不定型な地域仲間集団のような異年齢「タテ型」集団を束ねて年少者を保護もするリーダー（ガキ大将）役が存在しにくいために、学校のいじめはエスカレートしやすく悲劇を招くことがある。

１９８０年代以降に学校で生じたさまざまな教育問題のうち、いじめ問題は国会でもたびたび取り上げられ、ときの首相までが発言せざるをえないというほど政治問題化した深刻な社会問題となった。社会問題化したきっかけを調べてみると、１９７９年９月に埼玉県上福岡市（現・ふじみ野市）の新興団地マンション11階から飛び降り

［1］いじめは英語でbullyingまたはschool bullyingと言う。いじめ加害者はbullyで、いじめ被害者はvictim（犠牲者）だから、いじめ問題はbully/victim problemsとなる。いじめ問題は１９６０年代末から１９７０年初頭にかけてスウェーデンをはじめとするスカンジナビア諸国で強い社会的関心を集め、１９８０年代に入ってからイギリスやアメリカ、日本で社会問題化した。

自殺をした中学1年生林賢一君のケースに突き当たる。このケースは新聞報道が相次いだだけでなく、小学校のときからいじめが続いていた理由として彼が在日朝鮮人であった点を追及したＮＨＫのドキュメンタリー番組が放送されたり、総合雑誌の特集記事になったり、分厚いドキュメントとなって出版されたりして、それまでのいじめ事案とは異なってマスメディアを含めた大きな社会的反響が見られたからである。[2]

このケースは、その後のいじめ問題に共通する基本的側面をすべて伴っていたという点で典型的な事案である。第一にいじめが自殺にまで追い詰めるほどの攻撃性をもっていることを知らせたこと。第二に民族差別を内包していたように、いじめは明らかな差別行為となりうること。第三に林君は約３ヵ月前に自殺未遂をしており、自殺のサインは親から担任に伝えられたにもかかわらず、初期の適切な対応がなされずに最悪の結果を防ぐことができなかったこと。第四に両親と在日朝鮮人団体が市教育委員会に要望し、３ヵ月後の12月になって学校側が「調査報告書」をようやくまとめたが、その内容はいじめが認められなかったという不十分なものであった。各方面からの追及を受けて再調査の結果、翌１９８０年3月に第2回目の「調査報告書」が出されたが、その主な内容は、①いじめはあった、②ただしそれが民族差別であったと断定するには至っていない、③自殺未遂後の指導には適切さを欠いた、と最初の報告を修正するものであった。この間に学校と教育委員会がとった態度で明らかになったように、学校にいじめ問題に関する隠蔽体質があること。第五に両親は民事裁判に問う

[2] 朝日新聞「中1少年、飛び降り——学校でいじめられる」１９７９年9月10日付。ＮＨＫ総合テレビ「ルポルタージュにっぽん——壁と呼ばれた少年」１９８０年5月24日。小中陽太郎「『ぼくは自殺します』——ある中学生の場合」『世界』岩波書店、１９８０年5月号。金賛汀『ぼく、もう我慢できないよ——ある「いじめられっ子」の自殺』（正・続）一光社、１９８０年（再編集版・講談社文庫、１９８９年）。

方法を模索したが、当時はいじめ裁判がまだ定着しておらず、市教育委員会による「和解金」の支払いに応じるしかなかったこと、である。

この林君事件から２０００年代半ばまでの約25年間、いじめは社会問題として大きく論議されたり、忘れられたりといった変化を繰り返していった。議論の高まりに着目すると、およそ「三つの波」として整理することができる[3]。

（1）１９８５年には全国各地でいじめ自殺が相次ぎ、小・中学生計12人が亡くなった。この年から文部省はいじめ実態（認知件数）調査を開始し、「児童生徒の問題行動に関する検討会議」を設置した。同会議はすぐさま「緊急提言――いじめの問題の解決のためのアピール」（１９８５年6月）を出したが、ちょうど開会中の臨教審はいじめ問題に関する岡本道雄会長「談話」（１９８５年10月）を発表する異例の事態となった。そして、教師がいじめに加担していたという、いわゆる「葬式ごっこ事件」の被害者である東京都中野区立中学校2年生鹿川裕史君が１９８６年2月に盛岡市内で首をつって死んでいるのが、いじめを受けたことを告白する遺書と共に発見されるというニュースを契機にして、いじめ論議はさらに高まった。こうしたいじめの社会問題化を１９８０年代半ばの「第一の波」と呼ぼう。

（2）「緊急提言」や臨教審会長「談話」、文部省通達などを受けて、各学校ではいじめ対策委員会が作られ、指導資料作成や研修会などを踏まえた取り組みが活発化し、１９８０年代後半にはいじめ問題もやや解決の方向に向かうかに見えた。しかし、い

[3] 今津孝次郎（２００７）『増補　いじめ問題の発生・展開と今後の課題――25年を総括する』黎明書房、付章。

じめそのものは潜在化して依然続いていたというのが実態である。にもかかわらず、表面的にマスメディアの報道が少なくなり、いじめ論議が低調化していたさなかの１９９４年11月に、愛知県西尾市で大河内清輝君が自殺し、４日後に見つかった遺書からいじめを受けてお金をとられたことが記されてあったことから、マスメディアは一斉に大きく報道した。当時の村山富市首相は「いじめを根絶するくらいの気持ちで取り組まねば」と取材記者に強調したのだが、そのうち「いじめの根絶」の文言がスローガンとして一人歩きするようになった。文部省は「いじめ対策緊急会議」を招集し、同会議は「緊急アピール」（１９９４年12月）を発表する。こうして、再びいじめ（認知）件数が増加する１９９０年代半ばがいじめ論議の「第二の波」となった。学校や地域でもさまざまな対策がおこなわれた結果、１９９０年代の後半から２０００年代前半にかけて大きな波は静まり、いじめ論議もすっかり影をひそめていく。

（３）ところが、いじめ（認知）件数もそれほど増えていない２０００年代半ばに思いがけず「第三の波」が出現した。２００５年９月から２００６年10月の間に北海道滝川市や福岡県筑前町そして岐阜県瑞浪市でいじめ自殺事件が相次いだことをきっかけに、いじめは社会問題としていっそう人々の関心事となる。いじめ自殺予告の手紙が伊吹文明文科大臣（当時）宛てに届いたために大臣が急遽記者会見し、「いじめられて苦しんでいる君は、けっして一人ぼっちじゃないんだよ」との「文部科学大臣からのお願い」文を広報するという、これまでにない事態ともなった。ちょうど

「改正教育基本法」の審議中であった国会では安倍晋三首相（当時）が答弁に立ち、「いじめの実態を学校はありのままに報告してほしい、しかし、いじめ件数は減らしてほしい」と訴えた。この苦しい答弁の「件数減」は、いじめの密かな隠蔽を招来させるものである。[4] そして安倍元首相が主導する「教育再生会議」はちょうど開かれたばかりで、いじめ問題の検討から着手せざるをえなかった。同会議は「緊急提言」（２００６年11月）を発表する。

以上のような「三つの波」を眺めて気づくことは、いじめ自殺事件によって突然にマスメディアが大騒ぎをし、そのうち時間が経つと忘れたように静かになってしまうこと。国の審議会などがそのつど緊急声明を出し、いじめをなくすというスローガンを繰り返してきたこと。他方、学校ではいじめ事案を隠そうとしてしまうことなど、いじめ論議の体質は変わらず、25年以上も同じことを繰り返しているにすぎなかった。なぜそんな事態になるのか、おそらくいじめ問題に対する教員や保護者、教育行政そして一般の人々の基本認識に何らかの陥穽があるのではないか、という素朴な疑問を私はもつに至った。陥穽は〈認知〉〈価値判断〉〈行動〉の三つの側面でそれぞれ異なった捉え方が錯綜し合って、議論が混乱している点にあると考えられる。

〈認知〉面では、いじめは外面的・客観的に観察しうる行動と捉えるか、それとも被害者の内面に注目し、その身体的・心理的苦痛がいじめの根幹だと捉えるかという違いがある。〈価値判断〉面では、たかが子どもの喧嘩ぐらいと無視するか、加害者

［4］いじめ「件数減」だけをめざすと、いじめ行動への注目度を下げたり、明らかにいじめと認められる行動以外はカウントしないといった調査態度を取りやすくなり、正確な実態把握から遠のいてしまいがちとなる。

と被害者の双方に問題があると考えるか、それともあくまで加害者の方に非があると考えるかという違いがある。〈行動〉面では、傍観者的で第三者的態度をとるか、それともいじめに介入してその解決をはかるかという違いがある。しかも、三つの側面の整理がつかずに混乱していることも多い。〈認知〉を確認しないまま〈価値判断〉を急いだり、〈価値判断〉を下しながら〈行動〉の検討がおざなりになったりというように。

１９８０年代から２０００年代にかけての30年間に及ぶ議論のなかで、〈認知〉では外面から内面へ、〈価値〉では被害者自身の問題は誰もがもっている教育課題として別個に扱い、あくまで加害者の非の追及へ、〈行動〉では傍観せずに介入へ、とそれぞれ議論の核心が徐々に変化してきてはいる。

とはいえ、自分の過去の子ども時代をそのまま現代に当てはめて、いじめは喧嘩だから放っておいたらよいとか、被害者側にも問題があるのではといった意見が未だに見られて、議論の錯綜は続いている。しかも、いじめは悪という〈価値判断〉が〈認知〉よりも先行し、学校の実情を詳細に把握もしないで、ただ非難されないようにと咄嗟に「我が校にはいじめはない」との〈認知〉に置き替えてしまう。そうした無自覚的な学校防衛の思考と判断が学校組織文化の「黙示的前提」にまで根を下ろしていた学校は少なくなかったように思われる。そうではなくて、どの学校でもいじめは起こりうるのだから、早期発見と早期克服、そして未然防止をめざすことが求められており、この求めに応える組織文化の早急な確立こそ学校の課題なのである。

■「反いじめ」スクールポリシーの創出 ―― 事後対策から事前予防政策へ

「三つの波」のなかで繰り返し批判された学校の隠蔽体質について、もう少し検討しておこう。それは学校文化や学校組織文化と無関係ではないと感じるからである。

もちろん、組織内部の「不祥事」を隠蔽するのは何も学校組織に限ったことではない。これまで明らかになった事例を並べてみても、車の欠陥部品を隠しリコールをおこなわなかった自動車会社、医療過誤を隠した病院、不当表示で産地を偽って隠した食品会社、手抜き工事を隠した建設会社、原子力発電所の原子炉の事故を隠した電力会社など、具体的に挙げていくときりがない。いずれも名だたる大きな組織であるのに、隠蔽は日常茶飯事の如くである。

組織というのはそれ自体が自己防衛の機能を備えていて、内部に問題を抱えた場合は外部の追及から身を守るために自動的に隠蔽するという「組織悪」の性向があるのだろう。しかし、不祥事に加えてさらに隠蔽が加わると世論の不信を呼んで、組織の自己保身は失敗するという皮肉な結果になる。そこで最近では組織の「危機管理」意識が高まり、不祥事は即刻公表してアカウンタビリティ（説明責任）を果たした方が、むしろ結果として組織防衛になるという経営戦略がとられつつある。[5]

では学校のいじめ問題に関する隠蔽はどう考えればよいのか。三つの特徴的な原因

[5] 一般に「危機管理」には、組織の安定を揺るがす深刻な事態が生じた後の対処としての「クライシス・マネジメント」の側面と、深刻な事態の発生に備えるための、または発生を予防するための「リスク・マネジメント」の側面とがあると言われている。ここで言うアカウンタビリティは前者の事後対策の側面に属するが、いじめ問題への対処として重要なのは後者の事前予防政策に力点を置くことである。

が考えられる。第一に組織としての形態がそれほど強力でない学校では「危機管理」の認識も取り組みも遅れていること。第二にいじめ自殺事件の場合に顕著であるが、守るべき「学校安全」の責任が問われると学校と教育委員会が身構えてしまい、事件直後からいじめはなかった、自殺は予見できなかったと主張することがほとんどであること。第三に「いじめ」ということばそのものに否定すべき卑劣な行為という意味が刻印されているために、咄嗟に防衛的行動をとりやすいこと。少なくとも１９９０年代の「第二の波」以降に、「学校でいじめがあってはならない」という前提が詳細な議論をすることなく学校関係者の間に根付いたようである。[6]

こうした諸原因による学校組織の無意識的な反応が、対症療法的ないじめ事後対策を生み出してしまった。たとえば、児童生徒のいじめアンケートを急遽実施する、全校集会や保護者説明会を開催する、いじめ対策委員会を設置する、いじめ対策マニュアルを作成するというように。ところが時間が経つと学校の関心が希薄になっていき、希薄になった頃にいじめ（自殺）事件が起こり、再び対症療法的事後対策が講じられるという繰り返しなのである。いじめ問題の隠蔽体質があるから対症療法的措置で済ませがちであり、対症療法的措置に終始するから隠蔽体質を脱却できなくなる。

そこで、隠蔽体質と対症療法的事後措置から脱却するには次のような諸課題を追究する必要がある。[7]

[6] 前提そのものは正論である。ただし問われるのは、いじめをどう捉えるか、いじめ防止のために日頃からどう取り組むか、いじめが生じたらクラスや学校でどう解決するかなどについて学校全体で論議して合意に達しているかという〈認知〉と〈行動〉である。それらが曖昧なまま〈価値判断〉だけが先行すれば「隠蔽」に陥ってしまいやすい。

[7] 今津孝次郎（２００７）前掲書。

（1）いじめに対する暗黙の価値前提を問い直す

小さないじめなら子ども時代に誰もが経験する「悪」の一つであり、早期にその「悪」に気づいて早期に克服するなかで「善」を育てることがいじめ問題に対してとるべき基本的態度である。そうすると、いじめの「根絶」ではなく、いじめの「克服」が適切な表現となる。数値目標も「いじめ（発生）件数の半減」などという隠蔽に陥りやすい表面的な基準ではなくて、「いじめ克服件数の倍増」と設定した方が、教育実践にも沿った基準となるだろう。[8]

「良い子に育てる」という上滑りのスローガンが、学校だけでなく家庭・地域で声高に唱えられている。しかし、そのスローガンが叫ばれすぎると、「悪と善を併せ持つ人間性」へのまなざしを見失った軽薄な教育に陥らないだろうか。「悪を見据える子育てと教育」をこそ目標にすべきだろう。

（2）事後処理的「対策」ではなく事前予防的「政策」をめざす

いじめ問題の解決に必要なのは、その場しのぎの断片的な「対策」（measure）ではなくて、いじめに対する確固たる洞察に基づく明確な方針と長期的展望をもち、学校関係者すべてが共有できるような「政策」（ポリシー policy）であるというのが私の率直な問題意識である。ポリシーとは国レベルだけでなく、各自治体や各学校での取り組みの基本原理や首尾一貫した方策を指している。ただ、「政策」というと国レベルのものが想起されるので、学校構成員全員で共有する包括的なポリシーを「全校基本

［8］文科省はいじめ実態調査を開始した１９８５年から26年経過した２０１１年8月になって、ようやくいじめ「解決率」を公表した。２０１０年度の全国国公私立小・中・高校の実態把握で初めて調べたもので、解決率は79・１％であった（中日新聞２０１１年8月5日付）。重要なのは、いじめへの関心の強さがその時々に異なることによって変化する「把握件数」（正確な事実ではない）ではなくて、克服の度合いである「解決率」の方である。

政策」あるいは「スクールポリシー」と呼んでおきたい。

（3）「反いじめ全校基本政策」の作成

いじめ克服のスクールポリシーが「反いじめ全校基本政策」である。この用語表現と考え方は、イギリス教育省が１９９４年に発行したいじめ防止ハンドブックのなかで使われていた用語と議論を下敷きにしている。[9]「反いじめ全校基本政策」は事前予防的性格をもつから、いじめ事件が生じていないときが適切な時期である。たとえば、新たな学校構成員が揃う春の新学期早々に、校長のリーダーシップのもとに学校独自のポリシーを確立するために、全教員が知恵を出し合って「基本政策」を検討するとよいのではないか。春に赴任してきた教員がその学校の組織文化を構成する一側面ともなる「基本政策」作成に参加する意義は大きい。子どもや保護者の意見も踏まえた素案があれば、1時間ほどの職員会議で作成できるはずである。

ところが、忙しい時期だからとこの1時間さえ惜しんでいたら、「基本政策」はできないままとなり、実際にいじめ事件が発生して対応が円滑でない場合には、毎日のように開かざるをえない職員会議や校長記者会見、臨時全校集会、緊急保護者会などでおそらく計15時間以上を要することになるだろう。もちろんその間、学校への信頼は揺るぎ、教員の心身疲労も極限に達する。

各学校が決定した「政策」は文書のかたちにまとめ、全構成員が確認できる内容とする。この文書作成の意義は次のようになる。第一にその過程に生徒や保護者を含む

[9] イギリス教育省（当時）によるいじめ防止ハンドブックは、１９９６年に私がイギリス滞在中にロンドンの政府刊行物販売所で平積みされているのが目について購入したが、同時期に邦訳が刊行されたことを帰国後に知った。「反いじめ全校基本政策」は whole school policy against bulling という用語からヒントを得た。

Department for Education. (1994) *Bullying: Don't suffer in silence — An anti bullying pack for schools*, p. 4.（池弘子・香川知晶共訳（１９９６）『いじめ、ひとりで苦しまないで――学校のためのいじめ防止マニュアル』東信堂）。

学校の全構成員が参加する。第二に生徒会であれ、職員会議であれ、ＰＴＡ役員会であれ、言い放しの会議に終わらせないで、文書という記録作成作業をすることで「政策」内容を確実に共有することができる。第三に全校をあげて「反いじめ指針」あるいは「反いじめ憲章」を掲げることにより、児童生徒や保護者が教員に連絡しやすくなり、教員も学校へ早期に報告しやすくなる。第四に従来のいじめ裁判に典型的に現れているように、いじめ事件をめぐっては保護者の学校に対する不信感の増大があったが、そうならないように両者のいじめ問題に対する共通の認識を事前に作り上げることができる。第五に「基本政策」文書作成を毎年春の恒例行事とすれば、いじめの「事後処理」から「事前防止」への転換をスクールポリシーとして樹立することができる。

いじめ社会問題の「第三の波」の余波が残る２００７年の春から夏にかけて、私は依頼されて東海地域の各地で小・中・高校教師（校長・教頭を含む）を対象にいじめ問題について講話をする機会が与えられるごとに、いじめ問題に対する基本認識に潜む陥穽を指摘しつつ、「反いじめ全校基本政策」作成をそれとなく提案してみた。

《B　対象学校と「介入参画」》

■対象学校と「介入参画」の開始――教師中心法と生徒中心法

その提案に対して、東海地域のある私立女子中学校から「考えてみたいので、さらに詳しいことを知りたい」との申し出があった。仮に香澄見中学校と名づけておこう。学校関係者の名前もすべて仮名である。

２００７年5月に、生徒数約１０００人、教員数約40人（他に講師数約20人）の大規模女子中学校を訪問した。芳野校長から「ここ何年かこんな取り組みをやってきたのですが、壁にぶつかっています」と一枚のチラシを渡された。毎年のように全校生徒に配っているという学校文書には次のように書かれてあった。

「先生たちはどんな『いじめ』や『悪ふざけ』も許しません。『いじめ』は絶対に許すことのできない野蛮で卑劣な行為です。いかなる理由があっても『いじめ』が認められたときには先生たちは絶対に許しません。ところが、『いじめ』をしている本人が、そのことに気付いていない場合があります。時には相手にも悪いところがあるのだからいじめられてもしょうがないと思っている人がいます。しかし、それは大変な間違いです。……」

香澄見中学校はキリスト教精神の学校だけに、いじめ問題を正面から見据え、何とかいじめをなくそうと全校あげて総合的学習の時間やクラス会などを使っていじめが悪いことを教えている。被害にあったら担任に相談するようにとも指導してきた。にもかかわらず、単なるいやがらせなのかいじめなのか区別がつかないような日常的な小さな問題行動の解決は徹底しない。正面から向き合っているだけに、その歯がゆさを教師たちは感じているというのである。

私はこのチラシの文章を見たとき、ふと思いついたことがあった。主語が「先生たちは……」となっている。それに加えて「私たち生徒は……」「私たち保護者は……」という文章を並べてみたらどうだろうか。教師がただ一方的に生徒に対していじめを許さないと説くのではなく、生徒自身がいじめについて考え、保護者も自ら考えるという作業を協働して積み重ねて文章化していけば、生徒・保護者・教員という全構成員による「反いじめ憲章」（以下「憲章」）が出来上がるのではないか。この咄嗟の思いつきは、次の三つの概念を連想したからである。

①まず、学習法としてよく区別される「教師中心法」（teacher centered）と「生徒中心法」（student centered）である。これまでのいじめ防止指導法が前者の考え方で行き詰まっているのなら、後者の考え方に転換してみてはどうか、という着想である。[10]

②もう一つは、デュルケムが『道徳教育論』のなかで、道徳には義務的に服従する「規律」の側面と、個人の自由意志に基づく「自律」の側面があると論じた点である。[11]この道徳教育論に立つならば、「生徒中心」の学習法で「自律」の道徳を生徒の内面

[10]「生徒中心法」の発想はアメリカの学校安全の取り組みにも生かされている。
Phillips, R., Linney, J. & Pack, C. (2008) *Safe School Ambassadors: Harnessing Student Power to Stop Bullying and Violence*. Jossey-Bass.
V部「【研究事例３】ケータイのリスクに対する高校生のエンパワーメント」の「自己規律主義」も参照。

[11] Durkheim, É. (1925) L'*Éducation Morale*, Librairie Félix Alcan.（麻生誠・山村健共訳（１９６４）『道徳教育論』明治図書、講談社学術文庫版、２０１０年）。

に確立することをめざすという発想が浮かぶ。

③さらに、外部から「統制」するよりも内部の「自律性」を支援することを重視した、デシの「内発的動機づけ」である。外からよりも自分で動機づけるほうが創造性や責任感などで優れているという主張である。「他者をどのように動機づけるか」でなく、「どのようにすれば他者が自らを動機づける条件を生み出せるかと問わなければならない[12]」。

　これら三つの概念を念頭に置くだけでも、いじめ問題をめぐって学術のことばが学校現場の実践と対話できるか否かを占うことができるのではと私は密かに感じた。そして、こうして学校を訪問するとすぐさま「憲章」文の構成骨子が思い浮かんだように、学校訪問の効用を改めて痛感するのである。

　さて、香澄見中学校の全教員に対する研修会では「いじめ認識を変えよう」と題して、いじめ認識を変えるための「憲章」の意味と意義を「基調提案」として話し、そのあとで全教員による「反いじめ憲章」研究会をおこなった。私が強調したのは次の三点である。

（a）生徒と保護者、教員がそれぞれの立場でいじめ問題にどう対応するかを考えながら、三者が共に「憲章」という形式で文章化をはかって全校基本指針の作成をめざすこと。

（b）「憲章」作成は出来上がった文章が重要であることは言うまでもない。単に心

[12] Deci, E. L. & Flaste, R. (1995) *Why We Do What We Do: The Dynamics of Personal Autonomy*, G. P. Putnam's Sons.（桜井茂男監訳（1999）『人を伸ばす力――内発と自律のすすめ』新曜社、12頁）。

構えを変えるだけでいじめ問題が解決できるわけはなく、もしもいじめ問題が生じたら、常にこの「憲章」に立ち返って全員による合意の原点を再確認し続けることができるからである。それ以上に「憲章」制定に至る全校の協働作業のなかに、いじめ克服への姿勢の確立という重要な意義が込められている。

（c）特に保護者の参加を求める理由は次の三つである。第一に本人へのいじめはもちろん、友人へのいじめでも、家庭で少しでも話題になったり、暗黙のサインを出すようなことがあれば、親は強い関心を抱いて思案する。第二にこれまでのほとんどのいじめ事案では、保護者が学校に対して不信感を抱いて問題解決をこじらせてきた。第三に学校組織は児童生徒・教員・保護者から成るから、「全校」基本政策には当然ながら保護者も関わっている。

続いて、「憲章」制定の具体的な手順については、私自身も初めてのことなので明確な雛形を示すことはできず、思いつき程度のヒントを示したにすぎなかった。

①まず教員全員が「憲章」制定に向かう意思決定をし、生徒側と保護者側へ提案する。「憲章」のスタイルとしては「児童憲章」（1951年）が参考になるだろう。

②生徒は生徒会が中心になって、いじめ経験の語り合い（可能な者のみ）や実態調査の実施、いじめへの態度・意見表明を集約し、「憲章」素案を作成する。その過程で、教員が適宜指導助言に当たる。

③保護者も意思統一のもとに保護者なりの素案を作成する。

④教員が「憲章」草案をとりまとめ、生徒・保護者・教員の三者により「憲章」成文を完成する。

⑤教員は「憲章」に基づき、反いじめ学習プログラムの開発をおこなう。

⑥生徒・保護者・教員は「憲章」と照らし合わせ、それぞれがいじめの実態を検討して評価する。

⑦「憲章」文は一度出来上がればそれで終わりではなく、確認・修正作業を毎年継続していく。

以上のような基調提案の後の研究会では、初めての実践課題だけに次の三点をめぐる質疑応答・意見交換になった。第一に「児童憲章」という参考例で少しは具体的に考えることができるが、「憲章」文の形式がまだ十分に理解できない。第二に「憲章」制定を生徒が中心的に担うと言っても、教師はどう指導すればよいのか具体的取り組みがよく分からない。第三に保護者も含めて「憲章」文を最終的に作り上げるまでの具体的手順を掴みにくい。

とはいえ、研究者の立場から実践課題のアイディアを提供したにすぎない私がこれらの疑問に答えられる準備はしていない。新たな実践は教師の仕事であって研究者の役割ではないからである。手探りの意見交換をした結果、まだ不明確な部分を多く残しながらも、何か突破しないことにはという日頃の思いからであろうか、「憲章」制定作業を開始することで全教員の意思統一がほぼなされるに至った。

■生徒と保護者の参加 —— 全校基本政策に向けて

２００７年５月の校内研修会以降は、私は正式に依頼された講師ではなかったが、「憲章」制定プロジェクトの助言者として、教員・生徒・保護者と共に目標実現に向けて歩むことになった。Ⅲ部「22　学校と研究者との関係」で言えば、Ａｃ役割からＡｄ役割への移行である。

以下では２００７年５月から２００８年３月までの10ヵ月間の「介入参画」プロセスについて、時系列に沿っていくつかの局面を整理してみたい。最初は生徒の活動で始まり、次に保護者が参加し、最終局面では教員のさまざまな動きがあった。香澄見中学校で生活指導部を担当する大杉教諭は私の基本方針を理解してくれたうえで、中学校の生徒・教員・保護者の動向について常に細かく伝えてくれて、結果的にシェルパ役を果たした。私が直接参加できなかった局面については大杉教諭からのメールなどの報告による。そこから浮かび上がってきたのは、学校という組織が見せる力動的な変化の諸側面である。

（1）「憲章」制定過程への生徒の参加

教員としては当初、自分たちが前面に出て指導するのではなく、生徒が中心になっていじめの克服を考えるという課題は理屈としては理解しても、生徒が実際にどう活動するのかは見当がつかなかったようである。生徒会顧問と生活指導部の教員数名が生徒会委員20名に「憲章」づくりの課題を伝え、各クラスでは生徒独自のさまざまな活動が手探りで始まった。以下の取り組みはほとんどが生徒の自主的な活動であり、その活発で積極的な動きに教員たちは正直驚いたのである。

〈6月〉1学年では、総合的学習で「仲間はずし」の教材が取り上げられた折に、各クラスで生徒各自が一口「反いじめ」文を書き、短冊に書いて教室に貼り出した。

〈9月初旬〉生徒会委員20名はロールプレイによる「反いじめ」学習をおこなう。

〈9月中旬〉恒例の学校祭で、3学年のあるクラスではいじめ問題の展示をおこなう。愛知県西尾市の中2大河内清輝君のケース（1994年11月、いじめ恐喝事件で自死）も詳しくパネル展示された。父親の祥晴氏宅へ生徒数名が直接出向いて聞き取りもおこなって取材した内容も収録されている。取材に応じていただいたのを機に、祥晴氏はこの学校祭に招かれ、清輝君に関する展示も参観した。[13]

〈9月下旬〉大ホールの全校生徒集会で「反いじめ」学習会が開催される。テーマは「生徒と先生が一緒に考えるいじめ――反いじめ憲章の作成に向けて」。1000人余の生徒を前に、生徒会委員20人と教員有志約10名によるいじめのロールプレイが演じられる。脚本はすべて生徒・教員によるもので、スライドによる解説が映し出される。進行・朗読は生徒会委員。ロールプレイ一つひとつに生徒は敏感に反応する（照れ笑い、ため息、どよめき、など）。生徒のうち何人かがこの全校学習会を欠席した。小学校時代いじめに会い、舞台は辛くて見られないと担任に申し出た生徒たちである。ロールプレイが終わると、生徒会クラス委員全員約30人が舞台に整列して「私の『反

[13] 大河内祥晴氏宅の直接取材を生徒に勧めたのは3年生のクラス担任。私も学校祭のクラス展示を参観した際に祥晴氏と一緒になり、つめかけた生徒たちを前に自然といじめをめぐる対談となって、傍聴していた生徒から私たちに質問が出された。

いじめ宣言』」を一口ずつ宣言する。そのあとで、生徒全員がそれに倣って各自の短冊に「私の『反いじめ宣言』」を記入した。この短冊を回収して生徒会が整理し、「反いじめ憲章」文が練られていくという段取りである。

この生徒集会の様子を見て私が感じたことは、いじめ問題は教員にとって困難な問題である以上に、生徒にとって小学校以来、辛く悲しく憤りたい問題であり、何とかしたいと密かに思っていただろうことである。それを表現する機会がたまたま「憲章」づくりという具体的な作業課題で示され、日頃溜まっていた思いが一気に噴き出したのだろう。回収された１０００余枚の短冊はさっそく生徒会委員が教育相談室担当の本樹教諭の指導のもとでＫＪ法によって分類整理し、全員で議論しながら計七ヵ条の素案を練り上げていった。

〈10月〉この分類整理作業を通じた素案作成作業を生徒会委員代表がスライドを使いながら職員会議のなかで報告した。生徒の自主的活動が生徒自身によって職員会議で報告されること自体がこれまでにないことで、その報告に対して教員の間から思わず拍手が沸き起こった。職員室の様子を耳にした私は次のような印象を受けた。「教師中心」から「生徒中心」へ転換するといっても、生徒はどのように動くのか、教師は生徒の脇にいて助言役を果たすのはどういうことか、などといった疑念と不安が教師側にあったに違いない。それらが拍手の瞬間にほとんど消え去ったに違いない、と。

(2)「憲章」制定過程への保護者の参加

生徒による素案作成の見通しが立った頃、次の課題は保護者にどう提案していくかである。10月初旬に大杉教諭がＰＴＡ役員会で「憲章」作成を提起して保護者も素案づくりに参加をと呼びかけたところ、保護者はその趣旨が分からず、反応がまったくなかったとの報告を同教諭から受けた。そこで私は「私から話してみましょう」と応じた。学校全体の新たなプロジェクトだけに、いじめ問題については専門的に研究している立場にある者の方が、保護者に対して趣旨を伝えやすいと考えたからである。

ＰＴＡクラス委員宛てに「『反いじめ憲章』作成の説明会について」という題の案内文書が、ＰＴＡ会長と校長名で配布された。10月下旬、ＰＴＡクラス委員約50人が集まった席上、私が「『全校で創る反いじめ憲章』の意味と意義」と題して20分ほど話したあと、（事前に頼んでおいた）生徒会委員代表がスライドを用いて１０００枚余の短冊の分類整理と七ヵ条の素案づくりを10分ほど紹介した。そして生徒会委員代表は、「私たちはこのように『憲章』素案を作っています。保護者の方々にもぜひ参加してもらうようお願いします」と力強く結んだ。ここでもＰＴＡクラス委員から思わず拍手が起こった。こうして、「憲章」作成の意味と意義が保護者にも理解してもらえる方向へと動き出した。

いじめ問題ではこれまで全国各地でＰＴＡ集会がもたれてきたが、そのほとんどはいじめ事件後の夜間に２～３時間もかかる緊急保護者説明会であった。それに対して、香澄見中学校の説明会は昼間のわずか30分で、その内容は「憲章」制定という問題防止に向けた全校的取り組みである。いじめの事後「対策」と事前予防「政策」とでは、これだけの違いが生じる。

それにしても、ＰＴＡ担当教員と私がお膳立てをしたとしても、生徒による「憲章」作成の取り組み報告があって初めて保護者の参加を促すことができたと言える。学校現場では「生徒が変われば、親も変わる」としばしば言われるように、生徒の新たな行動こそが保護者をも動かすという格好の例である。

■「憲章」宣言へのためらいと全校シンポジウム――未然予防政策の意義を問う

12月初旬に「憲章」制定委員会が開かれた。ＰＴＡ役員6名と教員側から伊井田教頭、大杉教諭、本樹教諭そして生活指導部教員数名の出席である。教員側が「憲章」前文を書き始めており、生徒側が七ヵ条素案を作成して国語科担当教員が文章表現を校閲し、あとは保護者による条文作成だけが残されていることが報告された。そこで委員会後にＰＴＡ役員による「憲章」起草委員会が開催され、役員二人が条文を起草することになった。

12月末までに、ＰＴＡ役員の手になる四ヵ条の素案が出来上がった。並行して、教員の手になる前文の素案も完成する。そこで私は「反いじめ憲章と私たち」というテーマで年度末の3月に全校シンポジウムを開催してはどうかと学校側に提案した。生徒・保護者・教員が各自の立場から発言し、学校祭でいじめ問題パネル展を見てもらった大河内祥晴氏を指定討論者に迎えて、全校で意見交流を深め、その席上で「憲章」を宣言してはという提案である。大杉教諭は学校としてもそのように進めていきたいと同意した。

２００８年1月中旬、いよいよ全学シンポジウムの具体化へという段階になって、教員の間で「憲章」宣言に対する異論が職員会議の場などで出てきた。２００７年5月から順調に作業がはかどってきたなかで初めて生じた波風である。「介入参画」は計画通りに運ぶとは限らないことを証明するような事態となった。

とりあえず考えられることが二つあった。第一に生徒だけでなく教員と保護者をも含む全校での「憲章」制定という、おそらく全国で初めての取り組みを実現する間際になって、教員のなかに「不安」が感じられたのかもしれない。第二に作業を先進的に担ってきた教員集団とその他の教員集団との意思疎通に何らかの支障が出ているのかもしれない。40人余りの教員が一致してまとまるのは容易ではない。先進的集団がどれだけ教員集団全体に意思を伝え、さまざまな意見を吸収して学校全体の合意形成をはかっていくか。それは学校改善・改革を遂行していくうえで常に伴う重要な課題であり、校長をはじめ管理職のリーダーシップも見落とせない。

最初の5月研究会の段階では、学校組織文化の三次元で言えば「憲章」策定は「形態」ないし「価値・行動様式」での受け止め方であり、「黙示的前提」にまで議論が下りていなかったのであろう。最終段階での揺らぎは約1ヵ月続いた。この間に「憲章」制定に関する校内研修が開かれたわけではないが、「不安」をめぐる随所での意見交換が実質的な学校組織学習になっていたように考えられる。この揺らぎは「反いじめ」に関する認識や「生徒中心法」についての認識などが深い次元で問われ始めた表れと考えられる。「不安」には重要な論点が二つ潜んでいた。

①多く出された意見としては、「憲章」宣言は香澄見中学校にいじめが多いためだと世間から受け止められないか、という危惧である。事実、保護者のなかには生徒の取り組みが進むうちに、そういう不安を担任に話したケースもあった。少子化のなかで生徒募集をしなければならない私学にとって大切なのは学校のイメージであるから、この危惧は学校広報の点からも望ましくないと考えられた。しかし、この種の意見から気づくのは、「反いじめ」認識の不十分さである。つまり、これまでのいじめ対策はいじめ事件後の対症療法であったから、人々の間には未然予防の取り組みという発想に馴染みがなく、「憲章」宣言も対症療法だと連想してしまう。したがって、いじめが多いから「憲章」宣言をするのだといった風評を気にかけることは無用であり、未然予防政策という発想を繰り返し説明すればよいことになる。

②別の意見としては、「憲章」宣言の意義は認めており、前文や条文には何ら問題はないと判断するが、「反いじめ」という標題が適切ではないという主張である。「反いじめ」という表現は私がイギリス教育省のいじめ防止ハンドブックから借りたもの

で、anti bullying を直訳したにすぎなかったが、日本語表現としてはストレートすぎる印象を与えるようである。「友愛憲章」という表現ではいけないかという代案まで出された。たしかに、学校では一般に「いじめ」は現象を指すというよりも否定すべき対象として価値判断が刻印されており、仮に「反―」という接頭語が付いているとしても、タイトルとして正面に据えるには落ち着きが悪いのかもしれない。[14] もちろん、「反いじめ憲章」という表現にこだわるわけではなく、全校で合意を得た名称が相応しいと私は応えた。

２００８年2月下旬、保護者10人と教員10人による全校シンポジウム打ち合わせ会が開かれた。やはり、この段階でも「反いじめ憲章」という名称が適切かどうかという意見が保護者のなかから強く出された。また、宣言までにはもう少し時間が必要ではないか、という声が教員のなかから聞かれた。3ヵ月前にはおおよそ決まっていたはずの「憲章」制定に関するシンポジウムと宣言式の企画が、開催2週間前になって足元から揺れ始めた。それでも意見交換を続けた結果、今回は中間的なまとめという性格をもたせ、「反いじめ憲章（仮称）」というタイトル表現で何とか意思統一ができた。正式名称については次年度に新しい学校構成員を含めて再検討することとし、予定通りシンポジウムを開催することが決まった。

そして、この決定を強く推したのは校長とＰＴＡ会長であった。二人ともそれぞれ「『憲章』は必要である」と明言したのである。学校内で意見がまとまらないときに判

[14] この局面でもうかがわれるのは、いじめ問題に対する客観的な立場からの〈認知〉・〈行動〉よりも主観的な〈価値判断〉が先行しやすいという人々の暗黙の意識の特徴である。

断を下す「長」と名の付く役職のリーダーシップ役割がきわめて重要であることが改めて分かる。

正式名称の宿題を残しながら継続的取り組みになったことは、毎年いじめ問題に全校で向き合っていくという点で次の課題を提起することになり、好都合だったかもしれない。それに、次年度も継続するという措置は、私立学校ゆえに実現しやすい面もあるだろう。校長や教頭を含めた教員異動が毎年のように繰り返される公立学校では、継続的取り組みはそれほど容易ではないからである。

3月中旬、全校シンポジウム「反いじめ憲章と私たち」が1時間半の時間をかけて、全生徒、全教員、保護者有志が参加して大ホールで開かれた。登壇者は生徒代表3名、保護者代表2名、教員代表2名、指定討論者として大河内祥晴氏、コーディネーターはボランティアとして参加した私である。司会の大杉教諭から経過報告のあと、登壇者それぞれが「反いじめ憲章（仮称）」に寄せる思いと各条文についての意見を述べたあと、相互討論をおこない、指定討論者である大河内氏から「第4条にある『他者の気持ちを大切に』ということはすごく難しい。この憲章制定はこれからの取り組みの始まりではないか」との指摘があった。

続いて宣言式に移り、登壇した生徒、保護者、教員の各代表が憲章文を分担朗読し、会場全体の拍手でこの「反いじめ憲章（仮称）」が制定された。最後に芳野校長が「憲章の枠はできましたが、魂を入れるのはこれからです。この憲章を一人ひとりが自分のものとして受け止めてほしいと思います」と結んだ。

【資料V-1】（193頁）に掲げた「憲章」文（「前文」は略）では、キリスト教精神の学校らしく聖書から引用もされているが、どの学校にも「校訓」（スクールモットー）があるので、公立学校でもそれを核にして作成できるはずである。そして「憲章」作成は「学校づくり」の基本哲学にも連なるだろう。生徒の手になる第1条から7条までの七ヵ条は、1000枚余の短冊に書かれた全生徒の思いを凝縮してまとめた誓いのことばになっている。保護者の手になる第8条から11条までの四ヵ条は、「反いじめ」という枠を超えて、親子関係の基本的あり方を謳った内容で、家庭に関わるあらゆる問題に当てはまる幅広い内容になっている点が印象的である。教員の手になる第12条から15条は1年後に追加された条文で、先生は「前文」を書いただけで条文がないとの生徒の意見に応えたものである。[15]

《C 事後評価》

■「憲章」作成と宣言の評価 —— 出発点としての「憲章」制定

「憲章」作成にとって、「生徒中心法」は予想以上に格好の手法となった。いじめは小学校のとき以来、生徒自身が直接的・間接的に悩んできた問題であるから、教師が驚くほど生徒が活発に活動する様子を見せたのも当然だったかもしれない。とはいえ、

[15] 保護者そして教員による各条文を見ると、いじめ問題を超えて、もっと根本的な親子関係、教師‐生徒関係の基本が述べられており、「反いじめ憲章」の名称では狭すぎて相応しくないことが分かる。というよりも「憲章」制定に含まれる意義が実はより広く大きかったことに後になって気づかされる。

毎年新たな生徒が入学してくるだけに、「憲章の枠」を整えても「魂を入れる」取り組みが持続的に高まらない限り効果は発揮されず、ただ形式的な文書だけが残るだけになってしまう。「第三の波」以降、生徒による反いじめ宣言の類いは全国で目立ったが、それらの宣言についても同じことが言える。したがって「憲章」制定の評価は、少なくとも２〜３年以上が経過した時点でいじめの実態を調べておこなうべきであろう。ただ、生徒を対象とした「憲章」作成に関するアンケート結果があるので、ここで報告しておきたい。

私が作成したＡ４判１枚に収めた質問８項目の簡単なアンケート票は「憲章」宣言式の直後に配布されて翌日までに学校が回収し、私の研究室に届けられた。有効回答数は１年から３年までの生徒計１１１３人、教員・保護者・見学者（生徒以外は総数が少ないので、大人として一括）計43人である。生徒を主対象にしたアンケートであったので、大人についてはその属性まで細かく質問しなかったが、会場での大人の出席者は約60人で、教員が約７割、保護者が約２割、見学者（高校教員・他中学校教員など）が約１割であるから、大人の回答もほぼその内訳であろうと推察できる。主要な二つの質問事項に限って単純集計結果のみ報告したい。生徒と大人とでかなり傾向の違う結果が出たので、両者のデータを対比する。

（１）全体的印象

「本日のシンポジウム（宣言式を含む）全体の印象はどうでしたか」の問いに対して、

「〔たいへん+まあ〕よかった」との回答割合は生徒の81・3%、大人の86・1%にのぼり、まずは成功だったと評すことができる。ただ、生徒の方で「あまりよくなかった」が17・4%あった。これは、当日午前中から学校行事があり、引き続き2時間近くも拘束されたことからくる中学生らしい率直な反応だろうということと、「憲章」について生徒は10ヵ月近く作業してきているので、内容を知っているだけに目新しさを感じられず、もっと深まる議論を期待していたのに、という意識があったかもしれない。これに対して、大人にとっては生徒・保護者・教員の三者による「憲章」制定という取り組みは新鮮だったに違いない。「たいへんよかった」の回答が半数近いのは、その表れであろう。

(2)「憲章」の効果

「『反いじめ憲章(仮称)』によっていじめ問題は解決できると思いますか」の問いに対して、「〔おおいに+少し〕解決できると思う」の回答は生徒で67・9%、大人は76・8%で、大人の方がその意義を強く認めている。他方、生徒の方は「解決はむずかしいと思う」が31・3%もあって、いじめ問題は「憲章」という文書で解決できるほど簡単ではないという表明になっており、冷静に「憲章」を受け止めている。だとすると、「憲章」を使ったさまざまな活動へ発展していかないと、根深いいじめ問題を解決することはできないということを、生徒の回答は示している。

以上の結果から浮かび上がるのは、今回の「憲章」制定はゴールではなくあくまで問題克服に向けたスタートであると学校構成員の多くが判断していることである。こうして、生徒・保護者・教員三者による「憲章」制定を契機として、香澄見中の学校組織文化を「生徒中心」の視点から見直し再編していく作業は今後も続く課題である。

なお、いじめ問題を抱える他中学校の一人の教員が会場前列で傍聴していたのだが、宣言式終了後に次のような感想を私に語った。「『憲章』制定と言っても、要するに『学校づくり』ですね」と。この感想は外部から客観的に眺めたものだけに、香澄見中の取り組みの核心を突いている。私が基調提案のなかで強調したのも、「憲章」条文作成そのものよりも、「全校」を挙げて制定に至る過程こそ重要ということであった。それは「学校づくり」を意味しており、学校組織文化の見直しと再構築にほかならないからである。

■「介入参画」過程で得られた知見——教師・生徒・保護者の位置

いじめの未然予防を目的として、「生徒中心法」を採用し全校で「憲章」を制定するという中学校の新たな実践に向けた「介入参画」過程で、学校臨床社会学にとって重要と思われるいくつかの知見を得ることができたので、三点を整理してみたい。

（1）教師と研究者の関係

香澄見中学校の場合、いじめ問題を是非とも解決したいというニーズは明白であり、同時にそれまで5年間の取り組みが壁に突き当たっているといういくらかの危機意識も感じられた。このニーズと危機意識に研究者がどう応えられるかというところから「介入参画」はスタートした。教師はあくまで問題解決のための具体的方策を求めているから、研究者の方でも何らかの解決方策を提示できて、初めて「介入参画」計画を協働して立案することができる。とはいえ、解決方策の具体化と実践は教師の役割であるから、研究者の役割は問題解決に向けたヒントや素朴なアイディアの提供である。その際、いじめ問題をどう把握して、どこに解決の糸口を見つけるのかなどについて学校側に助言するうえで役立ったのは、四半世紀に及ぶ日本のいじめ社会問題の解明と世界のいじめ問題解決の政策や教育方法に関する基礎知識などである。つまり、研究者としての日頃の研究蓄積を踏まえた基本的見解が求められるわけであり、単に学校の実態を調べてから考え始めるという姿勢では「介入参画」の協働的推進には至らないだろう。

また、実践的研究のスタッフ編成の問題がある。インタビューや参与観察だけであれば、外部の研究者による調査スタッフ編成だけで済ませられるが、「介入参画」の場合は対象学校の教師が実践的研究のスタッフに含まれてくるから、教師との協働関係の構築が重要になる[16]。私は香澄見中学校と日頃から交流があったわけでなく、実践的研究のスタッフ編成をはたらきかければかえって学校側は身構えるだろうと思われたので、最初に外部研究者として基調提案をしたあとは学校の自然な動きにそのまま委ね、私はボランティア助言者として単独で各局面に参画したにすぎない。

［16］Ⅱ部「16応用と臨床の社会学」で紹介したように、ラザースフェルドらは社会学の応用過程の第2段階「調査研究スタッフ編成」で、かなり大規模な調査を念頭に置きながら、学際的な研究者集団や実務家との協働関係が応用分析で有用であることを強調している［P・F・ラザースフェルドら／斎藤吉雄監訳（1989）『応用社会学——調査研究と政策実践』恒星社厚生閣、67-75頁］。学校臨床社会学の「介入参画」では、それほど大掛かりなスタッフ編成にはならず、検討すべきは教師と研究者とがどのような協働関係を築くかという点である。

ところが、その自然な動きのなかに一種の実践的研究グループのような人的ネットワークが出来上がったことに気づく。学校側の実践の中心に大杉教諭（生活指導部担当）と本樹教諭（教育相談室担当）がいて教員集団の牽引役を果たすとともに、両者を支える教員集団があり、彼らの実践をバックアップする芳野校長と伊井田教頭がいる。こうしたネットワークが生まれたのは、何よりも「憲章」制定という具体的な目標意識を終始一貫して共有していたためであろう。この共有がかれらの連携を強めて10ヵ月という短い期間にそれなりに目標を達成できたのに違いない。もしもこのネットワークが形成されなかったら、「介入参画」計画は途中で止まり、「憲章」制定も達成できなかっただろう。

(2) 学校組織文化の変容と生徒・保護者

企業が外部適応をはかりながら内部統合を果たす仕方を特徴づけるのがその企業の組織文化であるが、企業にとって内部を構成するのは社員であり、外部は顧客をも含む企業外の世界である。それに対して学校組織の場合は、子どもと保護者は外部と内部の両側面の性質をもつ。教師が教育サービスを提供する対象という意味で子どもと保護者は顧客のような存在で両者は外部環境に含まれる。ところが他方、子どもと保護者はその学校組織文化の形成や維持、変容に関わる重要な参加者でもある。「学校づくり」と言う場合、教師は子どもと保護者の存在を抜きにして推進できないとすれば、三者は学校組織の内部を構成し、外部である地域社会や情報社会にどう適応していくのかというのが学校組織文化の課題となる。

香澄見中学校の場合、「憲章」制定の牽引役は生徒であった。その動きに引かれるように保護者も大きな活動を見せた。学校臨床社会学の「介入参画」では、学校組織文化を変えていくのは教師とその助言者である研究者であると一般には考えられている。しかし、そこに同じ学校組織構成員である子どもと保護者という変数を入れる必要があることを、香澄見中学校の臨床的研究事例は教えてくれている。

（3）スクールポリシー創出の条件

全国のどの学校にも共通するようなありふれた学校経営方針を掲げるのなら、それは校長一人が「校訓」の文言などを取り入れたりしながら紋切り型の作文をすれば事は足りる。しかし、それではスクールポリシーにはならない。スクールポリシーとは、学校が現に抱えた問題を教師そして子どもと保護者たちが深く認識し、その問題の解決法を工夫して、長期的な見通しの下に全校で取り組む体制を組んでいく際の基本方針を意味している。ただし、スクールポリシーの創出にはさまざまな条件が必要であることが明らかになった。改めてそれをまとめておこう。

第一に学校が抱えた問題の仕組みとその解決方策について、全校構成員が議論を重ねつつ理解を深めること。第二に具体的な目標達成に向けての合意形成には時間を要すること。構成員の間に意見の相違があり、また各構成員間に目標達成に関して先導グループと後継グループとの乖離が生じるために、相違と乖離を埋めるために目標達成に関する丁寧な説明が求められるからである。第三に合意形成が揺らいだときに、各構成員集団の長（生徒会長・ＰＴＡ会長・校長）のリーダーシップが重要である。とりわけ校長の意思決定は目標達成の大きな推進力となる。第四に最終的な全校合意形成にとっては、各構成員相互の信頼関係を不可欠とする。もちろん、この信頼関係は日頃から築かれているべきものである。

■その後の経過――「魂を入れる」活動へ

２００８年3月の全校シンポジウムで「反いじめ憲章（仮称）」が宣言されたことで、私は「介入参画」の役割から退いたが、香澄見中学校では約1年をかけて「憲章」を完成させる作業が続けられた。２００９年3月には、教員の手になる第12条～15条が追加されるとともに、大杉教諭が「反いじめ憲章（仮称）」に代わる名称を生徒から募集した結果、校章シンボルにちなんだ「白百合の誓い」が多数を占めたので、これを「通称」として用いることになり、すべての宿題が完了した。4月からは、玄関の掲示板に条文が掲げられたり、昼休みの校内放送で条文の朗読が流されたり、「憲章」という枠に「魂を入れる」活動が展開された。あとは、各授業やクラス会、ＰＴＡの会合などでどのように活かしていくかが課題となる。

２０１０年度には「白百合の誓い」（反いじめ憲章）が生徒手帳にそのまま掲載された。生徒会が決めた生徒自身の生活規則の次に配置されている。２００７年5月に香澄見中学校を訪問して、「憲章」作成について気軽にヒントを提供してから3年後に、「反いじめ全校基本指針」がこのように全構成員の手によって整えられ、生徒手帳にまで掲載されるとは私はまったく予想していなかった。学校の実践力がどれほどのものか教えられる事例である。

【資料Ⅴ−1】白百合の誓い（反いじめ憲章）

〔※　２００８年３月の全校シンポジウム・宣言式で前文（省略）と1～11条を制定。２００９年３月に職員会議を経て12～15条を追加するとともに全校で憲章名を制定。２０１０年４月に「生徒手帳」に全文掲載。〕

1　わたくしたち生徒は、いじめを「しません」「させません」「見過ごしません」。

2　いじめにあった時、見た時は、誰かに相談し、助けを求めます。

3　いじめの加害者にはやめるように伝えます。

4　「自分自身を愛するように隣人を愛しなさい」（レビ記19章18節）という聖書の言葉に基づき、他者の気持ちを大切に考えます。

5　他者の悪いところばかりでなく、いいところに気づくようにします。

6　他者との話し合いを大切にし、相手の意見を聴き、自分の気持ちをしっかりと伝えます。

7　自分を見つめなおし、自分をもっと好きになります。

8　わたくしたち保護者は、何げない会話の中にも、子どもたちの変化を見過ごさないように心がけます。

9　日常のあいさつなど言葉がけを大切に、子どもたちとかかわり合いをもつよう努力します。

10 我が子である前に、一人の人格として認めていきます。

11 お互い、大切な家族の一員である事を忘れずに接していきます。

12 わたくしたち教員は、良いことと悪いことをしっかりと示すとともに、生徒一人ひとりの気持ちにもしっかりと耳を傾けるように努めます。

13 保護者と教員のつながりをもっと密接にして、子どもの安全・安心に努めます。

14 生徒の個性を生かし、生徒の自己肯定感を高めるよう導いていきます。

15 キリスト教学校における教育を導くものとして、あるがままのすがたの生徒を、あるべきすがたの生徒に導く役割を担って、日々努力していきます。

【研究事例3】ケータイのリスクに対する高校生のエンパワーメント

《A　課題設定》

■「子どもとケータイ」認識の陥穽――規制主義的対策

携帯電話は近年の驚くほど急速な多機能化に伴い、すでに単なる「移動電話」機能を超えているために、メディア・コミュニケーション時代に不可欠なツールとしての「ケータイ」という表記が定着した。このケータイをめぐって青少年がネット犯罪に巻き込まれたり、「ケータイ・ネットいじめ」（単に「ネットいじめ」とも称する）の増加をきっかけとして、国をあげて大きく論議されたのが社会問題化した「子どもとケータイ」である。

２００８年5月、政府の教育再生会議は第一次報告の冒頭でケータイ問題を取り上げ、「必要のない限り小・中学生が携帯電話を持たないよう、保護者、学校関係者が協力する」と提言して以来、子どものケータイ規制が大きな論議を呼ぶこととなった。

仮に持たせる場合でも通話先は父母に限定せよとか、有害サイト情報から守るために閲覧制限のフィルタリングを強化すべきだとか、第一次報告には規制措置がいろいろと書かれている。このように、何かと規制して解決しようとする方法を外的な「規制主義」と名づけよう。しかも、こうした方針に沿う自治体のなかには、地域ぐるみで小・中学生がケータイを持たない運動を展開しているケースもあるほどである。

学校にとっても、私有物であるケータイの学校内への持ち込みをどう規制するのか、その管理責任者は保護者であるから本来は家庭で指導すべきにもかかわらず、保護者は新メディアについての知識があまりないので、教員の本務ではないのに学校での指導が求められてくる。こうして高度情報（メディア）社会に取り囲まれた学校は、新たな課題に向き合わざるを得なくなった。

しかし、子どものケータイに対する「規制主義」的対策にはいくつかの陥穽がある。

（1）規制には小・中学校へ持ち込ませないことと、小・中学生にはケータイそのものを所持させないこととに関わるが、前者は全国のほとんどの学校でそうした措置を以前からとっているから目新しくはない。問題は後者である。今やケータイの所持率は、全国平均で小学生高学年2割、中学生5割、高校生9割以上に及ぶと言われる。学校によってはそれより高い割合の場合もあるだろう。それこそ2000年代初頭ならば、まだそこまで普及していなかったから、規制も意味があったかもしれない。しかし今の実態では、持つなと言われても生徒も保護者も当惑するだけである。すでに持っている兄や姉との関係はどうなるのか。持たせない運動をしている地域と、多くが所持している周辺地域との関係はどうなるのか。つじつまの合わないことばかりである。

（2）規制の対象は小・中学生で、高校生は対象とならない。義務教育段階では特別の教育的配慮が必要ということなのだろうが、中学生が高校生になったとたんケータイを所持する場合、身につけておくべきケータイの「メディアリテラシー」はどのように準備されるのだろうか。つまり、機械化された情報媒体としての「メディア」の仕組みや使用法、操作する際の基本的心構えなどについての知識や技術、情報の受信や発信に関する基本的態度（「リテラシー」）の育成が見落とされている。要するに「規制主義」は教育的配慮のように見えて、実は真の教育になりえないのではないか。

（3）フィルタリングによる規制が当然のように主張されているが、フィルタリングは万能ではない。「青少年ネット規制法」（２００８年6月参院本会議で可決・成立）により有害サイトへの接続を遮断する措置が携帯電話会社に義務づけられた。18歳未満の青少年の場合、保護者が不要と申告しない限り、自動的にフィルタリングサービス運用に加入することになった。しかし、ケータイ販売店店頭でこの点の措置が十分になされていない実態がある。また、フィルタリングをくぐり抜けて有害サイトに接近する密かな検索方法も存在する。他方、より強いフィルタリングをかければ、有害ではないサイトまで遮断してしまって、言論・表現の自由を保障できなくなるという別の問題も生じる。要するに、フィルタリングで有害サイト問題がすべて解決するわけではない。

以上のような陥穽に着目すると「規制主義」とは、ケータイというまったく新しいメディアの登場とケータイが子どもに悪影響を及ぼしている事態を前にして、自らの子ども時代にケータイを経験してこなかった大人世代がうろたえ、対処法が分からないまま、咄嗟に対症療法的にとった措置にすぎないと言えよう。とはいえ、それはケータイに限らず、これまで新しいメディア（映画・テレビ・パソコン）が登場するたびにとられてきた措置でもあった。テレビが普及した際にも「長時間視聴」が問題にされ、長時間視聴と低学力の問題が指摘され、視聴時間を制限することが家庭教育課題になった時期があった。また、パソコンが登場したときにも「機械親和性」が問題視され「機械中毒」が指摘され、パソコン接触時間の規制が騒がれた時期があった。

■青少年とケータイのリスク――新しいメディアの支配

もちろん、ケータイに伴う子どもにとってのリスクは明確に把握しておく必要がある。[1]ケータイ一般のリスクと青少年にとってのリスクを合わせてみると、（a）すぐにリスクだと分かる身近な支障と（b）リスクだと分かりにくい奥深い支障とに分けられる。

[1]「リスク」は「危険」の意味であるが、危険そのものとは違う。「危険」(danger) が脅威の現実であり、危害を及ぼしている対象と恐怖の心理で表示されるのに対し、「リスク」(risk) は利益を望みながらも、そのなかで被るかもしれない危害や損失の確率である（原発のリスクとか株のリスクというように）。「危険」は取り除くことができるが、「リスク」は確率をゼロに近づけることは可能でも、ゼロにすることはできないと考えられている。

(a) 分かりやすい文章

故障や電池切れ、ケータイ機器とその使用料の高額さ、そして紛失や盗難によって個人情報（所持者の情報だけでなく、家族や友人すべての個人情報）が盗まれるというリスク。また、迷惑電話＝メール（架空請求など）や「ケータイ・ネットいじめ」についても広く知られるに至った。

この新たないじめ形態について、アメリカでも大きな社会問題となっていることを私が初めて知ったのは、２００６年10月にアメリカの研究者から私宛てに届いたメールで紹介された、アメリカと日本のいじめ問題の比較研究の企画案のなかに「サイバーブリング」（cyber bullying）が一章分大きく取り上げられているのを目にしたときである。企画文書には「サイバーブリングとは電脳空間のいじめを意味する新しい用語で、インターネットや携帯電話、パソコンといったＩＴ機器を通じたいやがらせで、伝統的ないじめとは異なる性格を持ち合わせている……」と説明されている。この新たないじめ形態はアメリカではもっぱらパソコンを通じてであり、日本では主にケータイを通じてという相違があり、日本では特に周囲から気づきにくくなる。いずれにしてもこれからのいじめの主流はこのサイバーブリングになるのではないか[2]。もしそうなら、いじめの定義についての再検討を迫られることになるだろうと考えているうちに、まもなく日本でも「ケータイ・ネットいじめ」が大きな社会問題となった。

[2] 今津孝次郎（２００７）『増補　いじめ問題の発生・展開と今後の課題』黎明書房、１７６頁。

　また、デジタル時代のいじめに注目するコワルスキーらも、それは伝統的ないじめと違って、24時間にわたり正体不明者による不気味な攻撃が被害者を極度の恐怖に陥れる様子に周囲は気づきにくいという特徴を浮き彫りにした。

　Kowalski, R. M., Limber, S. P. & Agatston, P. W. (2008) *Cyber Bullying: Bullying in the Digital Age*. Blackwell.

（b）分かりにくい支障

「ケータイ依存（症）」と「ヒューマン・コミュニケーション学習の低下」の二つを挙げることができる。それぞれについて説明しよう。

①ケータイ依存（症）　パソコンが登場したときに問題視された「機械親和性」と似て、人間が機械のとりこになって自律性を失い、ケータイなしでは生活できないとか、ケータイでやりとりしていないと不安であるというような一種の機械中毒症状に陥るリスクである。使用時間が長くなるほど陥りやすいが、短い場合でも症状が現れることがある。また、深夜までケータイ・メールやネット検索を繰り返しているうちに、睡眠リズムが乱れ、身体の失調をきたす場合も少なからずあり、学業不振を引き起こすことも稀ではない。

ケータイ所持率が上がっていくなか、生徒たちの間に奇妙な「掟」が全国的に広がった。メールが届いたら20分以内（学年や地域で相違があるようで、5分以内とか10分以内という場合もある）に返信しないと友達と見なされない、という圧力である。生徒たちは煩わしく思いながらも、この瞬時の返信（「即レス」）の掟に仕方無く従っていることが多い。しかし、固定電話と比べてケータイの長所である「都合のよいときにメールを見て、都合のよいときに返信できる」という点から考えても、これほど奇妙なことはない。相手の都合を大事にできるはずのケータイが相手を拘束する短所となってしまっている。もちろん、その短所は機械自体の限界というよりも、その使用法に由来する。こうして、ケータイ機器に友人関係もが引きずられて、所持者が主人公でなくなるほどケータイ依存（症）が広がる。

②ヒューマン・コミュニケーション学習の低下　より気づきにくく深刻な問題は「ヒューマン・コミュニケーション」のスキルが磨かれないリスクである。人類がその誕生時から長い歴史を通じて日常生活のなかで営んできたコミュニケーションは直接面接関係であり、視線や表情、身振り手振りなどのしぐさを通したノンバーバル（非言語）な側面も含めたヒューマン・コミュニケーションが基本である。ところが、現代のコミュニケーションの花形はパソコンやケータイを介した「メディア・コミュニケーション」であり、特に青少年への浸透ぶりは新聞やテレビを中心とした「マス・コミュニケーション」を凌駕するほどである。人間のコミュニケーションの根幹はヒューマン・コミュニケーションであるのに、メディア・コミュニケーションが人のコミュニケーションだという錯覚に陥ると、ヒューマン・コミュニケーションの技法を学習することがおろそかになり、ひいては対人関係能力（ソーシャルスキル）の習得を不十分なものにするだろう。学校にケータイを持ち込むことが原則禁止である理由としては、授業の支障となり、周囲に迷惑となり、学校秩序を乱すためと理解されてはいるが、むしろ思春期（青年前期）にこそ習得すべき対人関係能力を弱体化させないように、せめて学校内だけはヒューマン・コミュニケーションに徹するためであるという点を見落とすべきではない。

以上、青少年とケータイをめぐる主要なリスクを整理した。こうしたリスクが生じる理由として、新しい技術の急速な進歩に対して、それに適合的な生活文化が未形成というズレとして考えることができる。この考えはシカゴ学派のオグバーンによる有名な学説「文化遅滞」を下敷きにしている。この学説は今日から見ると素朴すぎると言えるが、ケータイのリスクを論じるには参考になる。なぜなら、先行変数としてのケータイの技術変化は驚くほど急速に進んでいるが、それに対応する社会生活は先進技術に適応できずに遅滞しているからである[3]。

そこで、遅滞から生じる諸問題を解決するためには、社会の諸部分を技術変化に適合するよう変化させるか、あるいは技術変化を社会生活の関心に適合するように方向づけるか、という点が重要な検討課題である。特に青少年を対象にする場合には、単なる規制主義では遅滞を解消することはできず、ケータイを所与の技術変化としてそのまま受け取るのではなくて、その技術自体を相対化して批判的に捉え直しつつ、同時に遅滞部分を調整するという総合的な取り組みが求められる。

■自己規律主義とエンパワーメント——規制主義を超えて

近年「子どもとケータイ」に関する書籍が次々と出版されている[4]。それらには「規制主義」では問題解決できないという主張が織り込まれてはいるものの、共通して二つの弱点がある。①ケータイそのものの実態とリスクに注目しすぎ、人間世界のコミ

[3] オグバーンはシカゴ大学で初めて臨床社会学を講義したバージェスと同じシカゴ学派第二世代で、シカゴ大学社会学科のなかで初めて統計学コースを担当し、シカゴ学派のなかで量的研究を主導した代表的存在である。「文化遅滞」（cultural lag）概念は工業社会の社会変化を記述するのに相応しい。

Ogburn, W. F. (1950) *Social Change: With Respect to Culture and Original Nature.* new edition, The Viking Press.

今津孝次郎（１９８６）「文化遅滞（W・F・オグバーン）」作田啓一・井上俊編『命題コレクション社会学』筑摩書房（ちくま学芸文庫版、２０１１年）。

今津孝次郎（２０１０）「文化遅滞——オグバーン」日本社会学会社会学事典刊行委員会編『社会学事典』丸善。

[4] 藤川大祐（２００８）『ケータイ世界の子どもたち』講談

ユニケーションという二位の視点ならケータイの位置づけがなされていない。②大人の立場からの議論であり、当事者である子どもの視点が反映されていない。それに「学校裏サイト」も含めて目まぐるしく変化する青少年のケータイ世界の実態を大人は細部まで把握しきれていないのではないか、といった疑問も浮かぶ。

そこで、これらの弱点を克服するためにも、外的な「規制主義」に対して内的な「自己規律主義」を提起したい。自己規律主義とは子ども自身がケータイとどうつき合えばよいかを検討しながら適切な知識と技術、態度を身につけるという考え方で、保護者と教師はその手助けをするという立場に立つ。自己規律主義の確立は心理学の「内発的動機づけ」の概念とも重なっているし、生徒が自らおこなうメディアリテラシーの学習にも連なる。

アメリカでいじめや暴力を排して「学校安全」を推進するための新たな行動プログラム開発に取り組むフィリップスらは、外側から内側を規制する方法（the outside-in approach）ではなく、内から外に向けて規律づける方法（the inside-out approach）の有効性を説き、生徒主体に着目することが学校安全を成功させる道であると論じた。それは「生徒中心の解決」であり、行動規範を創造し、維持し、改訂していくのは生徒自身であるという基本的見解の下に、教師や地域の大人たちの意思決定過程に生徒が参加することが生徒をエンパワーする仕組みであると論じた。[5]

一般に「エンパワー」とは外側から力を与えるというよりも、内側に潜む力を表に

社現代新書。
加納寛子・加藤良平（2008）『ケータイ不安』NHK出版。
尾木直樹（2008）『「ケータイ時代」を生きるきみへ』岩波ジュニア新書、など。

[5] Phillips, R., Linney, J. & Pack, C. (2008) *Safe School Ambassadors: Harnessing Student Power to Stop Bullying and Violence*. Jossey-Bass, chap. 4, 6.

導き出すという趣旨であり、教育こそがもっともエンパワーメントを促進する活動である[6]。そこで、ケータイ機器に支配されるのではなくて、生徒が主体的に活用できるように、生徒自身の潜在的な力を発現させて「生徒中心の解決」を目指すのが自己規律主義にほかならない。

　直接面接関係が基本であり、ケータイはあくまで補助的なツールにすぎないといった議論を展開してくると、「私は口下手なので、ケータイは便利だ」といったケータイ賛美派の反論が出てくる。たしかに、ケータイは親しい人たちとの咄嗟の連絡や未知の人との新たな関係を手軽に作り出したりするだけでなく、濃密すぎる人間関係を中和させたりして、これまでにないはたらきを果たす便利さをもっている。しかし、ケータイに頼り過ぎるのではなく、学校ではやはり苦手な「口下手」を克服するように努力することが大切である。大学入試の面接や入社試験でのプレゼンテーションを考えれば、その大切さはすぐに分かる。もちろん、ただ口が上手であればよいのではなく、誠実さや積極性、独自性が口も含め全身を通して伝わってくるかどうかが問われることは言うまでもない。その際、パソコン能力が問われることはあっても、ケータイ能力が問われることはないだろう。

[6]「エンパワーメント」とは、１９５０〜６０年代の公民権運動や１９７０年代のフェミニズム運動を契機として、世界の弱者の自立と保護、政治的権力による抑圧や経済的な搾取からの人々の解放などの活動を通して練り上げられてきた幅広い概念である。

　久木田純（１９９８）「エンパワーメントとは何か」久木田純・渡辺文夫共編『エンパワーメント――人間尊重社会の新しいパラダイム』（現代のエスプリ３７６）至文堂。

《B　対象学校と「介入参画」》

■対象学校と「介入参画」の開始――「ケータイ・ネットいじめ」を主テーマに

さて、香澄見中学校で「憲章」制定を中心的に担った3年生は中高一貫校である香澄見高校に進学する。高校名と高校関係者名も同様に仮名扱いとしたい。その中3生を新年度に受け入れる1年生担任予定の高校教師は、中学校での「憲章」制定活動が生徒中心に展開されている様子を耳にしていて、どう受け入れていったものか思案し始めていた。高校には「反いじめ憲章」はないのかと聞いてくるかもしれない、高校でも何か活動したいと新入生が意欲を示したときにどのような受け皿を準備できるか、というように。1年生担任予定の一人である明塚教諭は、偶然にも「教師院生」として「スクールソーシャルワーク」を研究テーマに私の研究室に通っていた。

明塚教諭から「新年度から高校としての何か良い手立てはないでしょうか」と質問されたときに浮かんだのが「ケータイいじめ」問題を取り上げてはどうかという着想であった。香澄見高校でのケータイの実態を尋ねると、ほとんどの生徒が所持していること、校則として原則校内持ち込み禁止であるが、とき折り違反があって対応に苦慮していること、教師のなかにもケータイに批判的な意見もあれば、便利だという肯定的な意見もあって、全員がケータイ問題に対する確固とした態度を統一できているわけではないこと、保護者のなかにもケータイを学校に持たせたいと学校に申し出る場合があることなど、ケータイ自体に解決を迫られる問題があることが分かった。通学区域も広く、ケータイ所持率が高い私立高校のなかには、いっそ校内持ち込みを認めた方が対応が簡単に済むという意見が登場していることも知った。

そこで、いじめ問題の延長線上にケータイを位置づけてみること、生徒中心法で「憲章」作成が成果を上げつつある経験に倣い、高校生自身の手でケータイに関するハンドブック作成を試みること、といったプロジェクト案が浮かんだ。この案ならば私の「ケータイいじめ」の問題関心とも重なる。以上の構想を明塚教諭に話すと、魅力ある案だと思うので、高校に持ち帰って芳野校長（中学校長と兼任）に伝えたいとの返答だった。明塚教諭はその後の「介入参画」過程で積極的なシェルパ役を結果的に果たすことになった。

香澄見中学校とは徒歩で5分ほど離れた別の敷地に位置する香澄見高校は、同じくキリスト教精神に基づく女子高校で、生徒数は約１１００名、教員は約50名（他に講師約40名）である。２００８年2月下旬、香澄見高校から依頼されて、生徒指導の研修会で全教員を対象に「中・高生とケータイのリスク――メディア・コミュニケーションの視点から」と題して提案した。高校でも私の最初の役割は研修会での招待講師であったが（Ⅲ部22項の「研究者の役割」ではＡｃ）、これが「介入参画」の開始となった。提案内容は次の4点である。

第一にそれまでの「子どもとケータイ」論議がケータイの危険性の指摘に終始しているのに対して、より広くコミュニケーションの諸形態に関する基本的な諸事項を整理しながらメディア・コミュニケーションの形態を浮き彫りにして、ケータイの諸特徴を位置づけるという原理論を高校生に問題提起してはどうか。第二に生徒自身が身近なケータイの現実について学び、ケータイとのつき合い方を検討し（「メディアリテラシー」）、そのなかで「ケータイ・ネットいじめ」について考えてはどうか。第三に生徒の手で成果をハンドブックにまとめてはどうか。この作業は高校生なら可能であろう。そして第四にハンドブックを前にして生徒同士が話し合い、保護者たちも子どもの声に耳を傾ける、といった学びの輪が広がることの方が、大人による一方的説教よりも効果的なのではないか。この手法は「生徒中心」の取り組みという点で「憲章」作成と同じである。

提案後の研究討議では、授業で情報やコミュニケーションの原理について学んでいるので生徒には馴染みやすいだろうという意見や、学校ではヒューマン・コミュニケーションの訓練こそ大切という主張はケータイの校内持ち込み禁止の重要な論拠となりうる、といった賛同的反応が返ってきたが、高校生の手になる「ケータイハンドブック」制作というねらいがどこまで理解されたかは分からない。それでも、このプロジェクト案には教員から反対の声は上がらなかった。ただ、「憲章」と同じく先行例がなく、1年間に及ぶ作業を具体的に想定しにくいことから、誰（校務分掌）が担当するのかとなると、生徒会担当なのか生活指導担当なのか判断できず、新年度に入ってからも校内で具体的な動きはなかなか出なかった。[7]

時間が経過するなかでプロジェクト開始の端緒となったのは、新1年生の活動意欲に応える受け皿を何とか作りたいという実践課題意識を抱いていた1年担任団であった。全校での取り組みは難しいと判断され、明塚教諭がまとめ役になって1学年としてハンドブック制作に着手することになった。この方針は芳野校長と白居教頭の後押しもあって職員会議で了承された。まず1学年だけで見切り発車する措置は、実践の早期実績づくりとして賢明であったことが後になって明らかとなる。それにしても、プロジェクトを暗黙のうちに動かしていったのは1年担任団の背後にいる1年生徒たちであり、今回の「介入参画」のクライエントは1学年の担任と生徒だとも言える。私の役割もその後は自発的なスーパーバイザー役（Ｂｄ）へ移行し、最終的には『高校生がつくるケータイハンドブック』（以下『ハンドブック』と略記）の監修者としてプロジェクトの正式メンバー（Ａｄ）となっていく。

■生徒による「反ネットいじめ研究会」——自主的な調査・資料収集活動

２００８年度４月の1年生全員対象授業を通じて、明塚教諭が『ハンドブック』制作有志を募ったところ、60名もの希望者が手を上げた。一クラス分の生徒数を上回り、1年生全体４２０名の14％にも及ぶ。授業とは直接関係のない自主活動にもかかわら

［7］「校務分掌」は学校運営上必要な業務の分担であり、この分掌に注目するだけでも学校は基本的に「協業」であることが分かる。分掌組織の設置や名称、役割内容は学校によって多様であるが、一般に総務・教務・生徒指導・特別活動・進路指導・図書・保健・研修などが共通して設置されている。分掌の組織化や連携がその学校の教育の質に影響を与えるとするなら、分掌による協業の実態は学校臨床社会学の関心事項である。近年は学校の業務が大幅に増えているので、分掌組織を合理的に見直し、教員の負担軽減をはかることが各学校に共通する大きな課題となっている。

ず、予期せぬ希望者の多さに1年担任団や私も驚き、生徒がケータイに寄せる関心の高さを再認識させられることになった。

6月中旬の放課後、その生徒有志を対象に全体研究会が開かれた。出席者は1年生有志50名余、1年担任団その他の教員10名余の計60名余である。私はボランティア講師として「ケータイとのつき合い方――メディア・コミュニケーション時代と私たち」をテーマに大学と同じく90分間、パワーポイントを用いて具体例を交えて「講義」をした。質疑応答時間がとれなかったので、明塚教諭が終了後に集めた感想文（回収数50）にはいろいろなことが書かれていた。その多くは、普段親しんでいるケータイにさまざまな問題が潜んでいることを知って考えさせられたという内容である。日頃からケータイに少し疑問を感じていたという一人の感想文から一部を抜き出す。

「90分間は長いと思っていましたが、とても短い時間で、またとても充実した時間でした。私は中学1年からケータイを持っていて当たり前の環境にいました。中2の時からパケット放題（パケホー）に入り、ネット利用を始めました。新しい情報や知りたい情報をすぐに得られるので、ケータイでは連絡以外にネットを長時間利用するようになりました。学校に出かける前にケータイ、学校から帰って何より早くケータイ。もちろん、長時間ケータイを使用していると様々な危険があることも知っています。それでこの研究会に参加しました。……」

他方、話す方としてはそんなつもりはなかったのに、新しいメディア世代にとっては講義内容がケータイ批判ばかりという印象を与えてしまったのか、ケータイの長所にもっと目を向けるべきだという主張もあった。私の講義ぶりに、子ども時代にケータイがなかった古い世代の感覚を嗅ぎ取ったのかもしれない。その感想の一部を紹介する。

「講義を聴いて最初に思ったことはなぜメディア・コミュニケーションではいけないのか、ということです。現実と理想が入り混じった感情をもった人たちが異常な犯罪をしでかしたりするけど、そんなことのない人の方が多いと思います。もとから人とコミュニケーションをとることが苦手な人もいます。性格的に内気で、人前になると妙に緊張してしゃべれなくなったりする人もいます。私もしゃべることが苦手なので、親友に自分を表現するのは手紙だったり、メールだったりすることが多いです。でも私はその方が言いたいことをしっかり言えるし、気分良く話を続けられます。私はそれもりっぱなコミュニケーションだと思います。……私はケータイにはとても感謝をしています。……」

すべての感想文を読む限り、研究会に参加する生徒有志は普段からケータイ問題に多少とも意識的であり、有志以外でケータイに無自覚的に依存しているようなタイプの生徒とはかなり違っているだろうと感じた。

さて、私が講義の最後に一例として示した学習項目一覧を参考にして、生徒は気の合う仲間とそれぞれ細かなテーマを設定し、以下のような九つのグループを作った。

それぞれ2～3人から7～8人の班構成で、計49人である。生徒たちは中3時の「憲章」作成の延長という意味を込めて、グループ全体を「反ネットいじめ研究会」と自分たちで命名した。

①「コミュニケーションについて」②「ケータイと交通事故」③「コミュニケーションとケータイ依存症」④「メディアのしくみ――テレビとインターネット」⑤「本校1年生のケータイ利用実態」⑥「サイバー犯罪の実態」⑦「ケータイ依存症」⑧「パソコンによるコミュニケーション」⑨「現代を生きる子どものコミュニケーション力」

各グループの自主的な調査活動は多彩である。たとえば①班ではコミュニケーションの原理について文献やネットを通じて詳細に調べ、③班と⑤班では1年生を対象に簡単なアンケート調査を実施、⑥班では県警サイバー犯罪対策室へ取材（生徒からの訪問希望を受けて、県警へ依頼したのは明塚教諭）、など。[8]

夏休み明けの9月初旬、「反ネットいじめ研究会」内部での第1回中間発表会が開かれた。各班が模造紙1～2枚に内容をまとめて調査成果を互いに報告し合い、『ハンドブック』の全体内容の見通しを得ながら、追加資料としてそれぞれ何が必要かの検討をおこなった。各班の報告は予期した以上に多くの諸資料が集められて充実した内容で、滝口学年主任をはじめ1年生助言担任団は高く評価した。その内容的な特徴をまとめると、第一に「コミュニケーション」という抽象的でレベルの高い哲学的テ

[8]「サイバー犯罪」はコンピュータとインターネット上で情報技術を悪用した犯罪で、近年は多様化とともに増加しており、子どもたちが巻き込まれるケースが目立っている。全国の警察本部にはサイバー犯罪対策室が置かれ、実態把握と対策推進、市民への啓発と相談業務をおこなっている。なかには中・高校生向けに啓発のホームページを立ち上げているサイバー犯罪対策室もある。

ーマへの関心が高いこと。第二に「ケータイ依存」への関心も高く、いくつかの班が共通して取り上げたこと（私の講義ではあまり論じなかった点）。第三に大人によって書かれた類書と比べて、ケータイの短所や危険点のみをことさら強調するのではなく、短所と共にその長所やメリットについてもバランスよく指摘していこうとする態度がすべての班に見られたことである。

10月に入ってからも各班は調査・資料収集を続けるとともに、担任団は『ハンドブック』全体のストーリーを相互に検討しつつ、各班が発表内容の原稿化を進めるうえで助言をおこなった。そして、11月中旬には、第2回中間発表会が開かれ、今度はパワーポイントによる本格的なプレゼンテーションとなった。全発表終了後の講評のなかで私は「内容のレベルといい、調査した情報量といい、またプレゼンテーションの出来具合といい、高1とはとうてい思えず、大学1年生のレベルである」と評価した。

その後に各班から集まった全原稿はＡ４判で合計約１３０枚（４００字で５００枚相当）にもなり、授業の課題レポートでもないのに平均して一人３枚（４００字で10枚相当）ほどと、数量的にも大きな成果である。プレゼンテーションであれ、原稿であれ、ケータイに関する表現の機会が与えられたら、高校生は思いがけない力を発揮する。それこそ「規制主義」では高校生のエンパワーメントを実現することはできないことを物語っている。

■『ハンドブック』編集と完成発表会――全国初の手作り冊子

ただ、各班がかなり自由な形式で書いたので、それを統一して一貫性のある『ハンドブック』にまとめていくにはかなり面倒な作業を要することが分かった。モデルとなる冊子もなく、短時間で生徒と担任団がその編集作業に当たるのは無理だと判断し、形式の統一などの編集作業は私の研究室で担当した。それは高校でのメディアリテラシー学習の新たな実践を大学研究室が支援する一つの形となった[9]。

12月中旬に第1回編集会議を開き、私たちが検討した編集方針案と章構成案を生徒と担任団に提示した。質疑応答と意見交換を経て、了承された編集方針は以下のようである。

①編集の手を加えるのはあくまでスタイルの統一に関わる点のみとし、内容は生徒の原稿をそのまま生かす。

②手軽に利用できるように、Ｂ５判50頁程度の小冊子とし、九班によるレポート計１２７枚を約５分の１に圧縮する。そのために、各班で共通する内容は統合し、『ハンドブック』としてより重要な内容を７項目ほどピックアップする。細かすぎるデータもカットする。

③読みやすくするために具体的な事例を追加し、表現も高校生が親しみやすいスタイルを工夫する（Q&A形式やイラスト挿入、キャラクターを登場させる、など）。

④メディアやコミュニケーションに関する専門用語（ＧＰＳ、リスク、依存症、ネチ

[9]「介入参画」の程度があまり高くならないように、あくまで生徒の自主活動に委ねるべきではないかと私も迷ったが、年度末の完成までに時間がないことと、冊子の編集・印刷といった作業については大学の方が普段の経験に基づくノウハウをもっていることから、大学院研究生（当時）の中島葉子が編集協力者として実務に当たり、高校での編集会議にも参加した。

ケットなど）の説明を「コラム」として随所に挿入する（執筆は監修者の私が担当）。

⑤ケータイの絶えざる進化や新入生の問題関心の変化などを念頭に置き、最初の制作は「第1版」とし、読者は1年生全員とその保護者などとする。質問や感想、意見を寄せてもらって次年度の「第2版」制作に備える。

⑥「はじめに」は生徒代表が担当し、目的や制作経過説明、謝辞などを書く。「あとがき」は各班、担任団代表、学年主任、校長、監修者、編集協力者がそれぞれ短く感想を書く。

⑦２００９年3月開催予定の『ハンドブック』完成発表会（1年生全員と保護者有志、担任団などが出席）での会場配布資料とする。

一方、章構成の内容については生徒たちの意見によって次々と追加・修正の手が加えられていった。年が明けて２００９年1月中旬、第２回編集会議が開かれ、「体験談や意見などをさらに追加しては」「出典を明らかにする必要あり」など、大学研究室からいくつかの検討事項が出されて全体討議の結果、スタイルがほぼ固まった。そして2月中旬には第3回（最終）編集会議が開かれ、ゲラの確認をしながら細部の修正をおこなった。表紙の色やイラスト原稿の配置もその場で次々と決められた。３回にわたる編集会議には印刷作業を急ぐために印刷業者も教室に出席していたが、高校生たちの活発なやりとり場面を初めて見て、高校生がこんなに熱心に取り組んでいるとはと驚いていた。執筆した生徒は最終的に39人となった（部活が忙しいなどさまざまな理由で当初参加希望を出した60人のうち20人ほどが研究会を退会した)。『ハンドブック』第1版が完成したのは、完成発表会の前日であった(写真V-4および【資料V-2】(226頁)参照)。

年度末の学校行事が混んでいる時期ではあったが、3月12日の午後に75分間を割いて、『ハンドブック』完成発表会が1年生全員に保護者有志と助言担任団、そして「憲章」制作を支援した中学校教員も参加して大講堂で開かれた。壇上には制作した生徒有志代表(各章を扱った各班から計10人)と保護者代表2人が並んだ。ケータイの管理責任者は保護者であるから、生徒と保護者の対話こそ重要と考えての壇上配置である。時間が限られていたこともあり、この発表会では教員は壇上には上がらなかった。最初に生徒有志代表が『ハンドブック』の五つの章の骨子についてパワーポイントで手短に紹介したあと、保護者代表2人がコメントし、相互討論をおこなった。私はボランティア参加のコーディネーターとして壇上の討議を調整したが、時間の制約もあり、互いの討論が円滑に運んだとは言いがたい結果とはなった。

全国どの高校もそうであろうが、ケータイへの対応は、学校としては思いがけない余分な生徒指導である。管理責任者である保護者が家庭で指導してくれれば対応しなくてよいのだが、保護者は新たなケータイ・メディアは苦手で、管理責任者の意識もきわめて弱い。しかも、そのケータイを使って陰湿ないじめが起きて深刻な事態を引

写真V-4　『ハンドブック』第1版（2009年3月）

き起こすとなれば学校として無視することはできないので乗り出さざるをえなくなる。いずれにしても、保護者との連携をどう緊密にするかという新たな課題が明らかになった。そして、２００８年度は1学年だけの試みで、学校全体としての取り組みではなかったために、学校組織文化の検討までは立ち入ることはできなかった。

《C　事後評価》

■『ハンドブック』の評価――ケータイ使用時間で異なる評価

さて、「介入参画」の事後評価は次のような諸点に関わる。『ハンドブック』によってケータイに対する生徒の知識・態度・行動にいかなる変化が見られたか、ケータイ依存症的状態は解消されたか、ケータイのリスクへの関心が高まるとともに実際にリスク回避行動がとれるようになったか、原則学校内持ち込み禁止が完全に守られているか、生徒のエンパワーメントが実現したか、そして「生徒中心」の学校組織文化が浸透したか、など。ただし、それらの評価は一定の時間経過を必要とする。そこで、ここでは私が作成して会場で配布した簡単なアンケート（有効回答数３９８）の結果から、『ハンドブック』の評価についてのみ報告する。

その際、どの程度ケータイと接しているかによって評価も異なるだろうと予想した。毎日の使用時間を三つに区分すると、実態は「2時間まで」60・3%（N＝２４０）、

「4時間まで」21・4％（N＝85）、「4時間以上」13・3％（N＝53）、「まったく使用しない、ケータイを所持しない」3・8％（N＝15）、「NA」1・3％（N＝5）となった。ケータイ依存が出現しやすいのは2時間以上とも言われているので、2時間以上の使用者を合計すると、全体の34・6％（N＝138）である。そこで、使用時間別に有益性と関心内容についての評価を検討する。

（1）『ハンドブック』の印象を有益性の点から尋ねた。「（大変＋少し）ためになる」という回答が全体の80・9％を占め、「あまりためにならない」は10・8％にすぎず、多くの生徒が役立つと受け止めている。ただ、細かく見ると3点を指摘できる。第一に「まったく使用しない＋所持しない」15人の生徒にとっては「ためになる」（7人）と「ためにならない」（5人）が分かれたこと。第二に「4時間以上使用」53人の生徒も「ためになる」（35人）と「ためにならない」（12人）が分かれたこと。第三に2時間未満の生徒240人のなかでも、18人が「ためにならない」と答えていることである。

こうした「ためにならない」回答の理由を考えると、次の場合が分けられる。①ケータイそのものに、またはケータイに関する議論にあまり関心がない。②ケータイについての議論はすでに知っている。③ケータイと一体化していて、メディアを相対化する態度がとれない。①は使用しないか所持しない場合に、②はどの使用時間の場合でも、③は長時間使用の場合に、それぞれ出現しやすいようである。

そこで、エンパワーメントの観点からすれば、「ためにならない」回答をする生徒の特徴を追究していく必要があろう。なかでも、③ケータイと一体化してメディアを相対化できないケースについてはさらに検討の余地がある。最もエンパワーメントが必要とされる生徒たちだと思われるからである。この生徒は『ハンドブック』を読むだけでは効果はなく、仲間同士で直接教え合う「ピア・コーチング」か、あるいは保護者または教師による指導が必要だろう。つまり、「自己規律主義」が通用しないかもしれず、「規制主義」で使用時間を限定することの方が先決なのかもしれない。

それに、こうしたケータイ依存の背後には家庭に何らかの問題が存在していることも考えられ、表面上はケータイ依存問題のように見えて、実は背後の問題にこそ注目して、その解決が求められるのかもしれない。その場合はカウンセリングが取り扱うべき狭義の個別臨床的な課題となる。そして、個別臨床的なケースの数が重なっていけば、生徒の家族問題とケータイ依存という一般的なテーマが浮き上がるかもしれず、その場合には学校臨床社会学的研究とも結びつくだろう。

（2）次は『ハンドブック』の内容の関心についてである。特に関心を強くもった章を第1~3位の順に挙げてもらったところ（1位×3点、2位×2点、3位×1点で加算）、全体では、①「ケータイ依存症」（25・8%）、②「ケータイの所持・使用の実態」（16・5%）、③「ケータイ・ネットいじめ」（13・5%）、④「ケータイの多機能的魅力と落とし穴」（10・9%）、⑤「コミュニケーションとメディアから見たケータイの長所と短所」（10・6％）などとなった。

「ケータイ依存症」や「ケータイの所持・使用の実態」を選んだ割合が高いことは、日頃ケータイに慣れ親しんでいるとしても、自分は「ケータイ依存症」ではないか、あるいは自分の使用の仕方はみんなの使い方と比べてどうなのか、といった疑問や不安がどこかに潜んでいることの表れであろう。しかも第1位の結果のみを抜き出して、使用時間別とクロス集計してみても、使用時間が長くなるほど「ケータイ依存症」への関心が高まっている。こうした結果が物語っていることは、今の生徒たちは単に「ケータイ漬け」になっているのではなく、どこかでケータイとのつき合い方について密かに疑問を抱いていることである。まずはその疑問を明るみに出して、その疑問と丁寧に対話していけば、困難と見られるような生徒のエンパワーメントにも成功するのではないだろうか。

香澄見高校での『ハンドブック』制作プロジェクトは、他の高校にも十分に適用できる生徒のエンパワーメントの具体的手法であり、さまざまな高校で取り組むことが期待される。もちろん、私立女子校と公立の男女共学高校では共通点もあれば相違点もあるだろうから、そうした公立男女共学高校でもこの手法を用いてケータイについて調べることも、残された興味深い課題である。

■「介入参画」過程で得られた知見──「生徒中心」法と「未来志向型」文化

急速に社会問題化した「子どもとケータイ」の実態を高校生に即して明らかにしながら、少しでも問題解決するために試みられたのが全国でも珍しい生徒自身による「ケータイハンドブック」の自主制作である。その「介入参画」過程で、学校臨床社会学にとって重要と思われる二つの知見を得ることができた。

(1)「生徒中心」学校組織文化の創造

実践的な事例研究で得られた最大の収穫は、生徒の自主活動が予想以上に結実した事実から判断される生徒の「潜在的能力」の存在である。もちろん、今回は生徒有志の取り組みであったから、生徒全員の現実とは言えないけれども、学校の学業成績とは無関係であるのにもかかわらず、独自の調査研究活動を意欲的に展開して大部のレポートにまとめ『ハンドブック』を完成させたのは、どの教師も感心し、私も驚かされるほどのレベルの高い取り組みであった。そして、その「潜在的能力」は「規制主義」ではなく「自己規律主義」すなわち「生徒中心」の考え方をとることによって開かれたことに気づく。

学校は基本的には「教師中心」の文化から成り立つ。そうでないと既成の知識や技能を生徒に伝達できないからである。しかし、生徒の学習と発達が「教師中心」で完全に実現するかというと決してそうではなくて、「生徒中心」の文化を織り込みながら、二つの文化が相乗作用を果たすことによってこそ達成しうると考えられる。とりわけ高校生という発達段階や、ほとんどの生徒が所持している私物としてのケータイについて論議する場合は、「生徒中心」文化をどう育てるかという立場が大切である。

とはいえ、公立と私立あるいは男女共学と男子校、女子校、そして普通科と職業科などを含めたすべての高校で、この「生徒中心」文化を育む取り組みが同じように実現できるとは限らない。学業面でも生徒指導面でも「教師中心」の指導でないと円滑に運ばない高校もあれば、少しの工夫と努力で「生徒中心」文化を育てられるにもかかわらず、伝統的な「教師中心」の惰性に流されているような高校もあるだろう。生徒会や文化祭・体育祭などでは「生徒中心」に任せることが定着している高校でも、ケータイという社会問題ともなるメディアが新たに登場すると、その対応に苦慮する学校がつい「教師中心」に「規制主義」で対処してしまう場合もあるだろう。それだけに、各高校でどのような「生徒中心」文化を創造していくか、そして「生徒中心」のスクールポリシーをその高校の学校組織文化のなかにどう根付かせていくかという点が、生徒と学校のエンパワーメントを左右するはずである。

(2)「現在志向型文化」と「未来志向型文化」の探究

『ハンドブック』を制作した1年生徒有志は２００９年4月に2年生に進級すると、新1年生全員や香澄見中学生全員の集会でその内容を紹介しながら、ケータイに関する基本的知識を提供し、心がけるべき態度を問題提起して、ケータイ・メディアについて意識的に考えるためのガイダンスを「生徒中心」でおこなった。仲間同士で教え合う「ピア・コーチング」の手法は「自己規律主義」をいっそう推し進め、ひいては「生徒中心」文化をさらに育成する方法となるだろう。

他方、子どものケータイ管理者は保護者であるから、ケータイの指導は本来は家庭の仕事である。文科省も「ケータイについて家庭で親と話し合うように」と呼びかけてはいるが、実際にはメカに弱い保護者は話し合いの仕方自体が分からないだろうし、実際のところ子どもたちとどれだけ話し合うことができるかはきわめて疑問である。そうならないように、生徒自身による『ハンドブック』を材料に保護者や教員がケータイについて考えるなら、それは若い世代から年長世代が学ぶという新しい関係づくりに至ることになる。

ここに、きわめて重要な社会学ないし文化人類学上の論点が浮上する。それは、教育とは年長世代が年少世代に知識や技術、価値規範を伝える営みだと一般に捉えられているけれども、変化の激しい社会ではそうした世代関係とは異なる形態が出現する可能性である。この点を「文化伝達」と社会変動の関係の問題として考察したのが人類学のミードで、彼女は伝統社会と変動社会の文化の様態を比較して、次の三つのタイプを分類した。[10]

(a)「過去志向型」(postfigurative)　未開社会や伝統社会では、過去にその権威を求め、未来は過去の繰り返しであるような文化継承の様態で、年長者が年少者を指導するというかたちをとる。

[10] Mead, M. (1978) *Culture and Commitment*, revised and updated ed., Doubleday.（大田和子訳（1981）『地球時代の文化論』東京大学出版会）。

（b）「現在志向型」（cofigurative）　産業を発展させて変化を追及してきた社会では、現在が未来を予測する手引きとなるような文化継承の様態で、遊び仲間や勉強仲間、仕事仲間といった同年配の仲間から学ぶというかたちをとる。

（c）「未来志向型」（prefigurative）　これからの社会では、誰も知らない未来を未来志向的に感知して、若者たちがその担い手になるという文化継承の様態であり、年長者が味わったことのない経験を年少者から学ぶというかたちをとる。

　これら三つのタイプに当てはめるなら、上級生が下級生にケータイのガイダンスをおこなう様態は（b）「現在志向型」であり、保護者や教員が生徒の制作した『ハンドブック』からさまざまな情報を得るという様態は（c）「未来志向型」となる。他方、学校の授業は基本的には（a）の性格が中心である。それに対して、急速な技術革新としてのケータイ・メディアについては、年長者である保護者や教師には分かりにくく、年少者である生徒の方が詳しいために、伝統的な文化伝達の世代関係が変化して（b）や（c）の型が出現しやすいと考えられる。『ハンドブック』制作が「生徒中心」におこなわれて大きな成果を得られた背景には、（b）と（c）の文化伝達にちょうど対応していた点を見落とすべきではないだろう。そしてそれは学校組織文化の奥深くにある（a）中心の「黙示的前提」を揺るがすに違いない。

■その後の経過――第3版発行と保護者研修会

２００９年春に『ハンドブック』第1版が発行されたあと、明塚教諭が今度は全学年に呼びかけて第2版作成のための「反ネットいじめ研究会」新メンバーを募ったところ、継続の生徒も含めて約10名の有志が集まった。有志生徒は、第1版で不十分であった箇所や新たに追加する事項について討議し、「ケータイ依存症」「電磁波や廃ケータイなど環境問題」「親とのルール作り」について増補改訂をすることになった。第1版のときと同じような調査研究を実施して２０１０年4月には第2版を発行した。1学年だけの活動として出発した『ハンドブック』制作活動も、２０１０年度からは生徒支援関係の校務分掌に位置づけられて、正式に全校の活動として認められた。

２０１１年4月には、10数名の有志によって第3版が出来上がった。生徒独自の企画として、世界の高校生のケータイ事情について中国・韓国・アメリカ・イギリス・フィンランドの5ヵ国の実態が1年かけて調べられて増補されたのが特徴である[11]。この海外編を追加したことで、大人の手になるケータイ関連本を凌ぐすばらしい冊子となった。中3時の「反いじめ憲章」づくり以来、『ハンドブック』第1~3版の制作も合わせて4年間も中心的に関わり続けた生徒も第3版を作り終えて卒業し、大学生となった。私は2~3版については最終校正段階での監修役を担当しただけであったが、この第3版で『ハンドブック』は完成の域に達したと感じた。

そこで残された課題の実現に移った。『ハンドブック』をテキストにした保護者研

[11] 欧米のケータイ先進国3カ国と、アジアでの先進国として韓国、そして今後先進国の仲間入りをするであろう中国が選ばれて日本と比較されている。先進国での若者のケータイ所持率は中国で約60%、他の4カ国は80~90%を超す。どの国も若者のケータイ依存的状況は深刻であり、国をあげて対策に取り組もうとしている。インターネットとケータイについての国家政策で進んでいるのはフィンランドである、と『ハンドブック』第3版は指摘している。

修会の試行である。その企画をＰＴＡ担当の滝口教諭（高校）と大杉教諭（中学校）に話したところ受け入れてもらい、ＰＴＡ役員会も了承してくれて、２０１１年3月に中・高のＰＴＡクラス委員計40名が合同で「賢いケータイ管理責任者になるために」研修会を試みに開いた。全員が第2版をあらかじめ読んできて、あとは5名ずつが8班に分かれて自由に懇談し（「井戸端会議」と称する）、家庭でのケータイルールを考案するというだけの簡単な参加型研修で、私はボランティアでコーディネーターを担当した[12]。各班での話し合いは予想以上に盛り上がり、そのなかでケータイをめぐる日頃の疑問や心配がある程度解消する場面もあった。そして、中1の保護者がもっとも子どものケータイに戸惑っているので、中1の保護者を中心対象として正式の研修会を開けばよいのでは、というヒントも得ることができ、試行研修会は保護者から好評であった。娘たちが作った『ハンドブック』に対しても次のような感想を寄せている。「ハンドブックは本当によくまとめられていたので親として大変勉強になりました」、「とても内容の濃いもので、中・高校生だけでなく、大人にとっても、今一度ケータイの使用を考え直した方が良いと思いました」など。

この試行研修会が好評だったので、今後は第3版をテキストにした保護者研修会が定着していくはずである。年長世代が年少世代の取り組みから学ぶという、人間の文化継承史のなかでもまったく新しい「（c）未来志向型」に相当する学習形態を実際に検討できることは、学校臨床社会学にとってもきわめて興味深いテーマである。

[12] 日本では特に１９９０年代以降に成人学習の場を中心に、学校での学習場面でも重視されるようになった「参加型学習」を念頭においた研修方法である。つまり、一方的な講義のようにただ知識を伝達するのではなく、対等な人間関係に基づく学習集団の場で、個人の経験や意見・感想を率直に交流し合ってさまざまな問題の解決の糸口を共に探っていくなかで、各人が積極的に問題に向き合う態度を培いつつ、相互に学習を高め合っていく手法である。参加者各人のエンパワーメントを目標にもしている。

【資料Ⅴ―2】『高校生がつくるケータイハンドブック』（第1版　2009年3月）

〈目　次〉

はじめに（生徒有志によるハンドブック作成の経緯）

Ⅰ　ケータイの所持・使用の実態

QⅠ―1　どれくらいの人がケータイを持っているんだろう？

QⅠ―2　みんなケータイにどれくらいお金と時間をつかってるのかな？

QⅠ―3　迷惑メール・出会い系サイトからケータイは身を守ってくれるよね？

Ⅱ　コミュニケーションとメディアから見たケータイの長所と短所

QⅡ―1　私たちがいつもしてるものだって言われるけど、「コミュニケーション」ってそもそも何？

QⅡ―2　私たちはどうやってコミュニケーションしてるのかな？　話す以外にもコミュニケーションしてるの？

QⅡ―3　友達とメールしたり、チャットしたりするのは、コミュニケーションって言わないの？

QⅡ―4　私たちがよくつかうケータイも悪い点があるの？　ケータイの良い点と悪い点を教えて。

QⅡ―5　ケータイでもつかえるインターネットって便利だけど、知ってるようであんまり知らないかも。インターネットってどんなもの？

Ⅲ　ケータイの多機能的魅力と落し穴

QⅢ―1　ケータイの機能を確認したいな。

QⅢ―2　みんなが一番使うメール。すごく便利だけど、トラブルになることはないの？

QⅢ-3　プロフで友達つくれるっていう話だけど、危ないことはないの？

QⅢ-4　私たちの間でもネット掲示板をつかってる友達がいて、トラブルがあるって聞いたことがあるんだけど……。

QⅢ-5　チャットって楽しそうだよね。やってみたいなって思ってるんだけど、どんな長所や短所があるんだろう？

Ⅳ　ケータイ依存症

QⅣ-1　私って……もしかしてケータイ依存症？

QⅣ-2　ケータイ依存症って、なんでなっちゃうの？

QⅣ-3　依存してるわけじゃないと思うけど、メールがこないと不安になることはあるんだよね……。

QⅣ-4　ケータイ依存症かどうか、自分で調べられる？

Ⅴ　ケータイ・ネットいじめ

QⅤ-1　最近、新聞やテレビでケータイとかを使ったネットいじめがあるって言ってるけど、どんなことが「ネットいじめ」になるんだろう？

QⅤ-2　ネットいじめって、具体的にどんなことされちゃうのかな？

QⅤ-3　ネットいじめをなくしていくにはどうすればいいんだろう？

Ⅵ　ケータイ・ネットのリスク

QⅥ-1　ケータイやネットを使っていると、「セキュリティ」という言葉を見かけるけど、実はなんのことかよくわかんないんだ。

QⅥ-2　ネットで誹謗中傷されちゃったり、個人情報を勝手に書き込まれちゃったりしたら、どうしよう⁉
QⅥ-3　出会い系サイトって私たちに関係あるの？
QⅥ-4　最近、ニュースとかで聞く「学校裏サイト」ってなに？
QⅥ-5　歩きながら、ついついケータイ使っちゃうんだけど、車の運転をしてるわけじゃないし、別にいいよね？
QⅥ-6　ケータイどこかでなくしちゃった‼　新しいケータイ買うつもりだけど、なくしたケータイが危険だって聞いた気もする？

Ⅶ　ケータイとネットのネチケット
QⅦ-1　ケータイやネットを使うときに、ネチケットが大切なのは知ってるけど、具体的にどうすればいいの？
QⅦ-2　ネチケットはわかったけど、でもやっぱり面倒くさいかも……。
あとがき（執筆した生徒有志班の感想、助言担任団代表・学年主任・校長の感想、監修者・編集協力者の感想）

【コラム⑦】三つのコミュニケーションとケータイ

人類のコミュニケーションは、A ヒューマン・コミュニケーション、B マス・コミュニケーション（マスコミ）、C メディア・コミュニケーションの三つに類別することができる（図V-3）。太い矢印は強力であることを、細い矢印は弱体であることを極端なかたちで表わし、破線は一方向的性質を示している。現代のコミュニケーション状況はAが弱体化し、BまでもCによって置き換えられつつある事態が進行中のように見える。ただ、そうした特徴は人間にとって望ましいものなのかどうか。「コミュニケーション」ということばの原義は「意味の共有」であるのに、単なる「情報伝達」に陥っていないか。しかも、ケータイ進化の歴史はわずか10年余りであり、マスコミと比べてもごく短期間でしかなく、メディアとしての長所・短所はまだ十分に検討されていないのではないか。メディアはあくまで人間にとってコミュニケーション・ツールにすぎず、主体は人間であるにもかかわらず、メディアが主人で人間はその従者になり下がってはいないか。

　具体例として、Cの代表格であるケータイ・メールと、Aのうち見落とせないノンバーバル（非言語、表情や身振り手振り）コミュニケーションを比べてみよう。ケータイ・メールの表現は言語であり（それに若干の絵

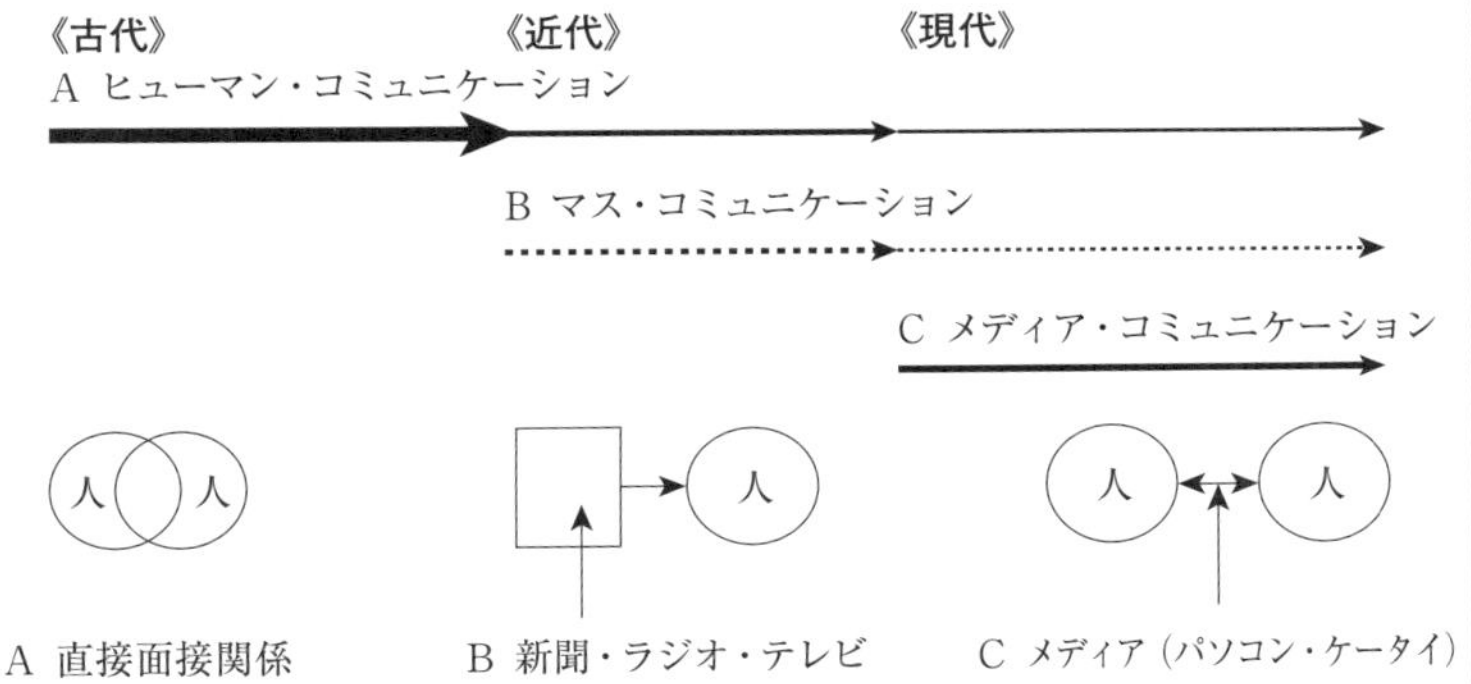

図V-3　コミュニケーションの三類型とその変化

文字や写真、動画など)、ノンバーバルの部分がきわめて少なく、実はコミュニケーションとしては限られていることが見落とされやすい。ケータイ・メールに文字で「(笑)」と添えられていても、それが「微笑」なのか「爆笑」なのか、あるいは「苦笑」「失笑」「冷笑」「嘲笑」「泣き笑い」「照れ笑い」「含み笑い」のいずれなのか、ヒューマン・コミュニケーションでは笑う表情のさまざまなニュアンスが伝えられるのにケータイでは分からない。たとえ、多様な笑いの表情を示す種々の絵文字が添えられていても細かすぎて見にくいし、それが事実かどうかも分からない。真実の感情は泣いているか、怒っているのかもしれない。

たしかに、ヒューマン・コミュニケーションでは限られた人数同士が限られた時間と場所でしか交流できないのに対して、メディア・コミュニケーションではそうした限界を乗り越えて、実に幅広い交流をいつでもどこでも成し遂げる大いなる利便性を発揮する。とはいえ、パソコンやケータイの発展の陰で、ヒューマン・コミュニケーションが特に青少年の間で弱体化しつつあるとすれば、そのことこそ深刻な社会問題というべきである。[1]

[1] 人間関係の現実には、友好・友愛・親愛・愛情の諸関係があれば、対立・競争・支配・憎悪・嫉妬などの諸関係もあって多様で複雑である。ヒューマン・コミュニケーションは良い意味でも悪い意味でもありのままの人間性を表出してきた。若い世代はそうした多面的な人間関係を体験的に知って、どの関係が「善」であり、どの関係が「悪」であるかを学習する必要がある。この基本課題の達成はメディア・コミュニケーションでは限界があり、やはりヒューマン・コミュニケーションそのもののなかでしか実現できないだろう。

あとがき

私が勤務していた名古屋大学大学院教育発達科学研究科では、大学院重点化に伴って２０００年度から修士課程の定員増が図られ、新たに社会人コースが設置された。この修士コースに現職教師の入学を予想した私は、教育学部生と合同で学校の臨床社会学を考えるための授業科目「学校臨床社会学」を18時15分からの6限目に開設した。「学校臨床社会学」という名称の授業科目は「臨床的研究ブーム」が始まっていた当時としても全国の大学（院）で1～2を数えるほどしかなかったのではないかと思う。この授業は私が三重大学教育学部勤務のときから長年積み重ねてきた学校訪問経験を踏まえ、ゼミ形式で「学校臨床社会学」分野をできるだけ体系的に検討したいという意図の他に、教職経験を持つ修士課程の年長者と経験の無い学部の若者との対話が互いに刺激し合ってほしいという密かなねらいがあった。

毎年3～4人の小・中・高校の教師が出席し、夜間にもかかわらず若い学部生も10人余りが加わって全体で15名程度というちょうどよい規模のゼミが２００８年度まで9年間続いた。文献資料講読の合間に現職教師たちは学校現場の様子を率直に語り、学部生は小・中・高校生時代の自らの経験に触れながら、若者らしい感覚で教師に質問し意見や感想を述べる。終了時間の19時45分を過ぎるほど議論が盛り上がることもしばしばで、密かなねらいは当たったと感じながら、私は毎回のやり取りを興味深く聞いていた。V部で取り上げた三つの研究事例も実践的研究の進展に応じてそのつど報告して討議に供した。

教育社会学を専攻する私は自分の研究領域を狭く限定せず、周辺領域を含めて興味関心の赴くまま幅広く多様なテーマに手を出す癖があったが、振り返ると大きく分けて二つの主題に属する個別研究テーマを追いかけてきたようである。一つはＡ「発達社会学」に属し、文献や資料を中心とする研究で、人間発達の過程を社会学的に分析する作業である。もう一つはＢ「学校臨床社会学」に属し、学校教育をめぐる社会問題の調査やフィールドワークによる学校組織文化の実践的研究である。二つの主題は内容を異にするが、いずれも社会学をベースにする点では共通している。

２００８年の初夏、定年退職を約10カ月後に控えて、退職予定者恒例の「最終講義」のテーマについて考え始めたとき、Ａ・Ｂいずれも愛着ある主題なので、どちらでも良いと思った。ただ、Ａについては中間総括ともいうべき『人生時間割の社会学』の最終原稿をちょうど書き終えて出版社に送ったところだったこともあり、むしろＢの中間総括をしたいという気持ちが強くなった。９年間の「学校臨床社会学」ゼミを通じて検討してきた内容に一定の区切りをつけたいと考えたのである。

２００９年２月の厳寒の日、名古屋大学教育学部大講義室での最終講義「学校臨床社会学の構想」では事前にパワーポイント資料も作成してそれなりの準備をしていたとはいえ、私は講義開始直前まで正直言って乗り気ではなかった。23年間（前任の三重大を合わせると33年間）の名古屋大での勤務を63歳という定年（当時）に達したというだけで事務的に〝退職させられる〟（アメリカ流に言えば日本のあまりにも画一的な定年制は「年齢差別主義 agism」に当たる）ことに抵抗感があったからである。

ところが、慣れ親しんだ大講義室の演壇に立ったとたん、普段の大教室の雰囲気とまったく違うことに気づいた。

約１２０人と満席の出席者は同学の先輩・同輩・後輩をはじめ、附属学校教員を含む学部の同僚そして卒業生や修了生など、性別・年齢・国籍・職業・居住地を異にする多彩な顔ぶれで、全員の視線が一斉にこちらに向けられていたからである。これが普段の大教室なら様相はまったく違う。私が演壇に立っても受講生の視線が向けられもせず、こちらが話し始めるまで雑然としているのが普通である。大教室の雰囲気の違いは話すうちにいっそう強く感じた。こんなに話しやすい講義は大学教員になってから初めての経験だった。それはおそらく「最終講義」という聴き手も話し手も一回だけの「非日常」的で、いわば「祝祭」のような性格を帯びた場だったからこそ成立した特別の雰囲気だったのだろう。

　この雰囲気は開始直前の私の沈んだ気分を吹き飛ばしてくれて、持ち時間90分の最後まで自分の話したいことを気持ちよく話すことができ、話し終えたときは本当に満ち足りた気分だった〈注〉。まだ「構想」段階の「学校臨床社会学」のスケッチのような内容に対する聴衆の皆さんの手応えを感じた私は「〝続・最終講義〟をやりたい」と密かに思ったほどである。「構想」段階で止めてはいけない――その強い気持ちが原動力になって本書の執筆に向かうことになった。

　そこで、Ⅴ部で取り上げた【研究事例１・３】の「介入参画」をさらに続けながら、また【研究事例２】の「その後の経過」に関する資料を収集しながら、「構想」内容をさらに具体的に発展させて理論的な整理も進めたのが本書である。

　本書は、何よりも最終講義を熱心に聴講してもらって私に精気と活力を吹き込んでもらった方々のおかげで産み出すことができた。そして、９年間の「学校臨床社会学」ゼミの受講生の皆さんの熱心な討議にも多くを負っている。共に深くお礼申し上げる。加えて、これまで30年以上にわたって私と学部（院）生の勝手な訪問を快く受け入れてもらい、貴重な経験の機会を与えていただいた東海地域のすべての学校・園の皆さんにも心から謝意を表したい。また、執筆段階で臨床心理学に関するいくつかの事項については同僚だった金井篤子教授からご教示を得たが、本文中の関連内容の記述に誤りがあれば、それはあくまで私の責任である。

書き散らした草稿すべてに丹念に目を通して、「ワードマップ」という思いがけない形を与えていただいたのは新曜社の塩浦暲さんである。塩浦さんにはこれまでも『教育言説をどう読むか』（〔正篇〕１９９７年〔続篇〕２０１０年、樋田大二郎と共編）でお世話になったが、今回は単著の制作で再びお手数をおかけすることになった。塩浦さんの根気強く適切な助言がなければ本書は出来上がらなかっただろう。心から感謝申し上げる。

〈注〉　最終講義はインターネットの名古屋大学サイト「名大の授業」でビデオ録画の動画として公開されている。「名古屋大学ホームページ〈下欄〉」→「名大の授業」→「教育学部／教育発達科学研究科」→〈表示する授業の条件＝教員名「あ行」・開設年度「２００８」・授業の種類「最終講義のみ」〉→「この条件で絞り込む」→「学校臨床社会学の構想」・「講義資料・講義ビデオ」

新曜社の関連書

教育言説をどう読むか
教育を語ることばのしくみとはたらき
今津孝次郎・樋田大二郎編
四六判２８０頁
本体２５００円

続・教育言説をどう読むか
教育を語ることばから教育を問いなおす
今津孝次郎・樋田大二郎編
四六判３０４頁
本体２７００円

現場と学問のふれあうところ
教育実践の現場から立ち上がる心理学
無藤　隆
四六判２８０頁
本体２３００円

心理学エレメンタルズ
授業を支える心理学
S・ベンサム
秋田喜代美・中島由恵訳
四六判２８８頁
本体２４００円

よい教師をすべての教室へ
専門職としての教師に必須の知識とその習得
L・ダーリング－ハモンドほか編
秋田喜代美ほか訳
四六判１４４頁
本体１６００円

拡張による学習
活動理論からのアプローチ
Y・エンゲストローム
山住勝広ほか訳
四六判４２４頁
本体３５００円

ノットワーキング
結び合う人間活動の創造へ
山住勝広／Y・エンゲストローム編
四六判３５２頁
本体３３００円

＊表示価格は消費税を含みません。

著者紹介

今津孝次郎（いまづ　こうじろう）

1946 年　徳島県生まれ
1968 年　京都大学教育学部卒業
1971 年　京都大学大学院教育学研究科修士課程修了
1974 年　京都大学大学院教育学研究科博士課程単位取得満期退学
1995 年　博士（教育学）名古屋大学

京都大学助手，三重大学助教授，名古屋大学助教授，名古屋大学大学院教育発達科学研究科教授，英国オープンユニバーシティおよびロンドン大学キングスカレッジ客員研究員，名古屋大学教育学部附属中・高等学校長を歴任。現在，名古屋大学名誉教授。

専攻　教育社会学，学校臨床社会学，発達社会学

著書　『新版　生涯教育の窓 — 大人への成長と成長する大人』第一法規出版
『変動社会の教師教育』名古屋大学出版会
『増補　いじめ問題の発生・展開と今後の課題 — 25 年を総括する』黎明書房
『人生時間割の社会学』世界思想社
『教員免許更新制を問う』（岩波ブックレット No.753）岩波書店
『エスニシティの社会学 — 日本社会の民族的構成』（共編著）世界思想社
『教育言説をどう読むか — 教育を語ることばのしくみとはたらき』（共編著）新曜社
『続　教育言説をどう読むか — 教育を語ることばから教育を問いなおす』（共編著）新曜社
『新しい教育の原理 — 変動する時代の人間・社会・文化』（共編）名古屋大学出版会

ワードマップ
学校臨床社会学
教育問題の解明と解決のために

初版第 1 刷発行　2012 年 4 月 10 日

著　者　今津孝次郎
発行者　塩浦　暲
発行所　株式会社 新曜社
〒 101-0051 東京都千代田区神田神保町 2-10
電話 (03)3264-4973・Fax (03)3239-2958
E-mail: info@shin-yo-sha.co.jp
http://www.shin-yo-sha.co.jp/

印刷所　株式会社シナノ
製本所　イマヰ製本所

ISBN978-4-7885-1280-1　C1037

人名索引

■あ行

青木　保　126
アージリス, C.　19
アダムス, J.　61
安藤延男　89
ウッズ, P.　92
梅棹忠夫　126
オグバーン, W. F.　202

■か行

カッセル, J.　110
金子郁容　15
川本隆史　43-44
紅林伸幸　74
古賀正義　100

■さ行

サウンダース, B.　64-65
酒井　朗　93, 108
佐藤郁哉　80, 113
佐藤雅彰　26
佐藤　学　26
志水宏吉　72, 77
清水睦美　112-113
シャイン, E. H.　17, 90, 98
ショーン, D. A.　19
住田正樹　74
スモール, A. W.　62
盛山和夫　80, 106

■た行

高橋順一　88
デューイ, J.　54, 61, 125
デュルケム, É.　172
トロウ, M.　37
トローマン, G.　92

■な行

中村雄二郎　45

■は行

ハマースリィ, M.　106-107
フィリップス, R.　203
ヘンダーソン, C. R.　62

■ま行

ミード, G. H.　61
ミード, M.　222
宮本常一　87, 104, 116
無藤　隆　114

■ら行

ラザースフェルド, P. F.　58, 94

■わ行

鷲田清一　44

事項索引

（　）内は追加または代替の用語を，〔　〕内は説明語を，→ は同意語，類語または反対語を，それぞれ示す。

■あ行

アカウンタビリティ〔説明責任〕 108, 166

アスピレーション〔向上心，上昇欲求〕 143, 153

アンケート（調査） vii, 3, 64, 84, 87, 95-96, 104, 111

いじめ vii-viii, 25, 30, 72, 100, 111, 122, 171-172, 215

——（の）克服 168, 174, 176

——裁判 162, 170

——事件（事案） 161, 170

——自殺 163, 167

——対策 167

——の根絶 163, 168

——防止 172

——問題 160-161, 166, 170-171, 173-174, 177, 180, 187-188

学校での—— 160

ケータイ・ネット—— 195, 199, 205-207

反—— 166, 169, 170, 177-178, 182, 184, 186, 193, 205

反ネット—— 210, 224

異文化 127, 153

——理解 127, 133

——を背景にする子ども 131

移民 51, 54, 61

依頼者〔クライエント〕 60

インタビュー（調査） 3, 41, 65, 87, 89, 95-96

（インター）ネット 199-200, 209, 211

インターベンション〔介入，介入参画〕 viii, 45-46, 60, 64-65, 68 → 介入，介入参画

インフォーマント〔情報提供者〕 47, 80, 104, 113

隠蔽 164, 168

——体質 161, 166-167

エスニシティ 125

エスノグラフィー 17, 41, 70, 100, 113

学校—— 16, 24

エンパワーメント 77, 204, 218

学校の—— 77-78, 84, 221

生徒の—— 216, 219, 221

OECD 21

応用

——過程 59, 94

——過程サイクル 60

——の場 114

応用社会学 vi, 57, 67, 72 → 純粋社会学

応用と臨床の社会学（応用臨床社会学） 58

オールドカマー〔旧来外国人〕 124, 130 → ニューカマー

■か行

外国人児童　135-137, 151, 153-156
→ 日本人児童
——生徒　129, 146
——（生徒）教育　123, 133, 137, 143, 153
——生徒教育連絡協議会　129, 133
外国人集住地区　124
外国につながる（ルーツをもつ）子ども　125　→ 異文化を背景にする子ども
介入　viii, 40, 65, 74, 165
教育的——　90　→ インターベンション，介入参画
介入参画　viii, 68-70, 73-74, 83, 85, 90, 94, 96, 99, 114, 116-117, 122, 137, 140, 152, 176, 181, 188-190, 206, 208, 216, 220
外部適応と内部統合　14, 33, 190
カウンセラー　40
カウンセリング　40, 89, 218
——マインド　35
科学の知と臨床の知　45
学業不振　30, 38, 200
—— 児　155
学習言語　131, 139, 140, 143-144, 146, 150, 153, 155, 157
——の三層構成　149-151
学術研究の特権性　80, 106
学年主任　7-8, 214
学力　viii, 72, 122
——競争　38
——向上　146
——形成　131
——低下　vii, 67, 100
——保障　139-140, 143, 154-155
低——　142, 153
学（校）歴主義　145
家族解体　51
価値・行動様式〔学校組織文化の〕　18, 27-28
価値判断〔いじめに対する〕　164-165, 183　→ 認知，行動
学級崩壊　vii, 30, 100
学校
——安全　2, 167, 203
——運営協議会　28
——開放　28　→ 学校閉鎖性
——教育問題　30, 77, 100, 122
——恐怖症　42
——ストレス　40
——調査　vii, 2
——と研究者との関係　82
——評議員　3
——閉鎖性　28　→ 学校開放
学校改善・改革　16, 21, 23, 77, 181
学校社会学　41, 72, 76
学校組織　92, 114, 190
——環境　77
——学習　→ 組織学習
——文化　→ 組織文化
学校適応　132
——指導　143
学校文化　15, 132, 142, 145, 166
学校訪問　ii, 5-6, 128-129, 134, 137, 154, 173
学校臨床学　vi, 41, 72, 86
学校臨床社会学　vi-viii, 49, 54, 56, 67, 69, 72, 74, 76-77, 82, 87, 89, 94, 97, 102, 108, 110, 117, 122, 153, 188, 218, 220, 225
学校臨床心理学　40
過度の一般化　154
カリキュラム　72, 131　→ 教育課程
管理主義教育　31
機会構造説　142
機械親和性　198
危機　18

——意識　189
——介入　66
——管理　166-167
——予防介入　67
規制主義　196-198, 202, 212, 218, 220-221
基礎医学と臨床医学　45, 57
キャリア教育　143, 157　→ 進路指導
給食　132, 136
教育委員会　4, 6, 107, 161-162
——事務局　82, 129
教育改革　32, 78
教育学　30, 41
教育課程　55　→ カリキュラム
教育行政　107, 122
教育言説　95, 101
教育荒廃　25, 30, 38, 76-77
教育再生会議　164, 195
教育社会学　41, 76
教育心理学　114
教育臨床学　41
教員
——異動　184
——研修　133
——の資質向上　32
——評価　32
——免許更新制　32
教員（師）集団　21, 35, 49, 190
教科学習　141, 144-145, 150
教師
——院生〔現職教師大学院生〕116, 205
——教育　v, 54
——－生徒関係　viii, 38
——中心　49, 172, 220　→ 生徒中心
——と教員　91
——と研究者の関係　77
——の資質能力　33
——（教員）バッシング〔教師叩き〕31, 38
教職課程　133
小学校——　138
共生　158
——社会　158　→ 多文化共生
協働関係　22, 92, 112, 117
興味・関心　141, 143
教務主任　7-8
勤務学校を基盤とする研修　21
クライエント〔来談者・依頼者〕47, 67-68, 73-74, 80, 95, 111
グローバル　125
経営者役割　12
形態〔学校組織文化の〕17, 27
ケータイ　viii, 122, 195-200, 203, 205-206, 209-210
——いじめ　→ いじめ
——依存（症）200-201, 211-212, 216, 218-219, 224
——機器　199, 201, 204
——メール　200, 229-230
子どもと——　195, 202, 207, 220
権威　105-107　→ 権力
現職教育　iii, v, 21
権力　105-107　→ 権威
合意形成　191-192
公開授業　26
高学歴化　49
校訓〔スクールモットー〕185, 191
校則　132, 142-143, 205
校長　6, 7, 191-192, 214
行動〔いじめに対する〕23, 36, 164-165　→ 認知，価値判断
高度経済成長　36
校内研修　iii-v, 3-4, 20-22, 27, 34, 125, 182
校内暴力　vii, 25, 33, 48, 111

校務分掌　21, 207
公立学校（と私立学校）　184-185
国際化　32, 124
　地域の――　139
互恵（酬）
　――関係　88, 107, 152
　――性　87, 114, 138
　――的　114
個人学習　20　→ 組織学習
個人主義　21, 92
個人情報保護　108
個人臨床と組織臨床　50
個別性と普遍性　24-25
コミュニケーション　126, 202-203, 210-211, 229
　ヒューマン――　200-201, 207, 229-230
　メディア――　195, 201, 206-207, 209-210, 229-230
　マス―― 201, 229
コミュニティ心理学　45-46, 66, 68, 89
コモンスクール〔公立普通学校〕 55
コンサルタント〔助言者〕 89
コンサルテーション　89　→ 助言
　学校――　89

■さ行

在日朝鮮人　161　→ オールドカマー
サイバー（ネット）犯罪　195, 211
査定　50, 60
参加　128
　――型研修　225
　社会――　128, 159
参画　60, 157
参与観察　3, 95, 104
シェルパ　116-117
　――役　140, 176, 206
　准――　140, 153
ジェンダー　viii
シカゴ　54, 56, 61, 125
シカゴ学派（社会学）　vii, 51-53, 56-57, 61, 125, 202
シカゴ大学　51, 54, 61-62
自己規律主義　203-204, 218, 220, 222
　→ 規制主義
事後対策と事前予防政策　166-167, 180
自己認識　145
　――と他者認識　127
思春期〔青年前期〕 160
失業　47, 118
実験室学校　54, 125
実証社会学　68
実践
　――過程　59
　――記録　24, 28, 33
　――志向　57
　――的研究　71, 75
　――的使命　78
　――と研究　112
　――（上）のことば　25, 100
　――モデル　95
　実証と――　52
指導案　146
　学習――　27
児童虐待　47, 67, 118
児童憲章　174-175
指導主事　86
児童の権利に関する条約〔子どもの権利条約〕 129
自文化認識　127, 132, 153　→ 異文化理解
市民　159
社会改良主義（運動）　58, 61
社会学　30, 57, 222
社会病理学　40, 52
社会問題　vii, 39-40, 47, 57, 70, 76,

90, 162, 199, 221, 230
——化　119, 122, 195, 220
週5日制　3
授業改革　25
純粋社会学　57　→ 応用社会学
生涯学習体系　32
条件整備　77, 109
少子化　3
少数在籍校　131, 133, 154　→ 多数在籍校
象徴的管理者　→ シンボリック・マネジャー
消費社会（化）　36, 49
情報
——化　32
——環境　123
——的資源　139
高度——化（社会）　49, 196
明示的——　132, 142
黙示的——　132, 142
職員会議　4, 20, 34-35, 170, 178, 181, 208
助言　64, 114　→ コンサルテーション
——者　85, 90　→ コンサルタント
自律　172
——性　173
事例研究　41
進学率　142
高校——　36, 38
大学——　36
人種　51, 54
心身
——症　102
——の病理（異常）　47, 76, 80
シンボリック・マネジャー　11-13
信頼
——関係　111, 116
——感　92
——性　111
新来外国人　→ ニューカマー
進路
——指導　25　→ キャリア教育
——選択　75
スクールカウンセラー　118　→ カウンセラー
スクールカウンセリング　118　→ カウンセリング
スクールソーシャルワーカー　118-119　→ ソーシャルワーカー
スクールソーシャルワーク　118, 205　→ ソーシャルワーク
スクールポリシー〔学校教育基本方針・全校基本政策〕　96, 166, 169, 170, 191, 221
ストレス
教員——　91-92
生活言語　131, 143-144, 150　→ 学習言語
生活行動様式　124　→ 文化
生活の質〔クォリティ・オブ・ライフ〕　45
政策　59, 170
教育——　78
政治
——性　105-107　→ 力関係
——的性格　106
精神医学　76
生徒
——会　178-179, 208, 221
——指導　25, 30, 215, 221
——中心　203, 205, 207, 216, 220-221, 223　→ 教師中心
——中心法（主義）　172, 182, 185, 206
制度改革　33
政府　30

全校基本政策　170, 174　→ スクールポリシー
全国学力・学習状況調査　152
専門性
　——発達　64
　教師の——　83
組織
　——悪　166
　——開発　14
　——防衛　166
組織学習　18-20, 35, 65, 97
　学校——　20, 22-23, 34-35, 182
組織社会学　83
組織文化　5, 11, 14, 86, 90, 96-97, 154
　学校——　14, 23, 35, 65, 75, 97, 99, 101, 106, 154, 165-166, 181, 188, 190, 216, 221, 223
ソーシャルワーカー　52, 58
ソーシャルワーク　57

■た行

対人関係能力〔ソーシャルスキル〕 201
対等　80-81
　——関係　82, 87, 89, 107
第二言語としての日本語〔JSL〕 145
体罰　100
対話　44, 65
多数在籍校　133, 154　→ 少数在籍校
多文化
　——化　123-125, 128, 159
　——共生（教育）　123, 126, 128, 135, 143, 154, 158-159
　——主義　158
　——地域　124
多忙化　107
　学校（の）——　4, 21, 108
　教員の——　3, 119
単一民族社会　126
地域　iv
　——環境　iv
　——貢献活動　138
　——社会　10, 51, 123, 125, 128, 134, 143
　——仲間集団　160
力関係　105　→ 政治性
調査
　——公害　104
　——される側と調査する側　104
　——参加者または調査協力者　79
　——実施困難性　104, 108
　——対象者　79-80
　秘匿——　110
長時間視聴　198
定住化　124
デニズン〔永住外国人〕 159
同化主義　133
動機づけ　102, 144-145, 155-156
　道具的——　145, 153, 157
　統合的——　144-145, 153
　内発的——　173
登校拒否　42
同僚教員間連携〔同僚性〕 21, 92
同和地区　iv, v, 125
都市化　49, 51, 123

■な行

仲間　88, 115
　——集団　49
　遊び——　223
　仕事——　223
日本語
　——学習　155-157
　——教育　133
　——教室〔国際教室〕 129-131, 133-134, 136, 138, 140, 146, 149, 152-157

——指導　149, 151, 154, 156
——能力　141, 152
地域——教室　135
日本人児童　151, 152, 155　→ 外国人児童
ニューカマー〔新来外国人〕 112, 123-124, 126　→ オールドカマー
——児童（生徒） 129, 134, 153-154
——の子ども　130, 141
人間と人間の距離感　45, 47
人間（子どもの）発達　55
認知〔いじめに対する〕 23, 36, 164-165　→ 価値判断，行動
年長者と年少者　222-223
ノンバーバル〔非言語〕 201, 229

■は行

パソコン　199-200, 204
バブル経済　123
バルネラビリティ〔傷つきやすさ〕 43
ハル・ハウス　61
バーンアウト〔燃え尽き症候群〕 91-92
犯罪　47, 51
ピア・コーチング　218, 222
非行　viii, 10, 30, 72, 118
PTA　iii, 170, 179-180, 192, 224
評価　59-60, 102
病理　40
開かれた学校　2-3, 32, 152
貧困　47, 51, 118
フィルタリング　196-198
フィールド　112, 116
——調査（研究） i, 62, 106, 109, 110, 117, 126
——ノーツ　9
——ワーカー　81
——ワーク　viii, 12, 24, 80-81, 113
学校——　116
部活指導　25
不就学　130
物質的・文化的剥奪　141
不登校　vii, viii, 25, 30, 42, 47, 72, 100, 118, 130
プラグマティズム　57
文化　124, 126, 133, 145, 154
——遅滞　202
——的背景　133
——伝達　222-223
——不連続説　142
——摩擦　124, 126, 132
文化人類学　80, 110, 116, 222
防衛　166-167
——機制　31
学校——　165
組織——　166
母学級　136, 154
母語　131
——学習指導員　133, 138, 154
保護者　viii, 56, 172, 174-176, 179-180, 182, 186-187, 190-191, 196-197, 206, 214-216, 222, 224
ホスピス　44
ホスピタリティ〔歓待〕 43-44
ボランティア　4, 42, 85, 136, 155, 209, 215, 225
（大）学生——　75, 138-140, 152, 157

■ま行

マイノリティ　72, 112, 125, 127, 141, 153　→ マジョリティ
マジョリティ　112　→ マイノリティ
学び方　141-142
民族　54
——構成　126, 128

——差別　161
——的同質性　126
メディア　197
——リテラシー　197, 203, 207, 213
新（しい）——　196
マス——　38, 161, 163-164
黙示的前提〔学校組織文化の〕　18, 26-28, 34, 101, 165, 181, 223
文部（科学）省（文科省）　107-108, 129, 162, 222
——通達　162
文部科学（文科）大臣　163

■や行

有害サイト　196-198

■ら行

ライフヒストリー　41
ラポール〔友好・信頼関係〕　81, 96
リスク　198
「介入参画」過程での——　109
介入に伴う——　98
ケータイの——　202, 206
リーダーシップ　192
校長（管理職）の——　169, 181, 184
量的調査（研究）と質的調査（研究）　vii, 51
理論（志向）と実践（志向）　57, 98
臨時教育審議会（臨教審）　32, 34, 162
臨床　40, 42, 44, 47, 79
——性　114
——の場　82-84, 86-87, 94, 154
臨床医学　48　→ 基礎医学と臨床医学
臨床教育学　vi, 41, 48, 66
臨床教育社会学　64
臨床社会学　vi, 40, 48-49, 51-53, 56-57, 60, 64, 66, 69, 71-72, 77, 80
臨床心理学　40, 48-49, 76
臨床的　122
——アプローチ　41
——研究　40, 43, 47
——研究ブーム　40, 104
——なスタンス　73
臨床哲学　44
臨床度　48　→ 臨床レベル
臨床レベル　viii, 69, 73, 77, 122, 129　→ 臨床度
倫理
——問題　79, 85, 88
学問の——　80
調査（研究）の——　79, 109, 110, 112

文献案内

本書に関連する多くの参考文献のうち，脚注で取り上げた引用文献を含めて，比較的入手しやすい和書と邦訳書の基本的な単行本に限って案内したい。以下の八つの内容項目ごとに整理して紹介する。文献は著者名のアルファベット順に掲げた。

1. 臨床

「臨床」という用語がさまざまな分野に広がって頻繁に使われるほど，「臨床」の意味と意義を再確認する必要があるが，哲学的な議論が示唆に富む。

河合隼雄・鷲田清一〔2003〕『臨床とことば』TBS ブリタニカ

川本隆史〔1998〕『共に生きる』〔岩波　新・哲学講義⑥〕岩波書店

中村雄二郎〔1992〕『臨床の知とは何か』岩波新書

鷲田清一〔1999〕『「聴く」ことの力 — 臨床哲学試論』TBS ブリタニカ

2. 臨床社会学

当時の新興大都市シカゴの状況を知れば，新興シカゴ大学社会学科から生まれたシカゴ学派がなぜ臨床社会学にこだわったのかを理解することができる。同じように，日本ではなぜ 2000 年代に入る頃から臨床社会学に関心が向けられたのかを検討してもよいだろう。

Faris, R. E. L.〔1967〕*Chicago Sociology 1920−1932*, Chandler Publishing Company.（奥田道大・広田康生訳『シカゴ・ソシオロジー　1920−1932』ハーベスト社，1990 年）

宝月誠・吉原直樹編〔2004〕『初期シカゴ学派の世界 — 思想・モノグラフ・社会的背景』恒星社厚生閣

中野正大・宝月誠編〔2003〕『シカゴ学派の社会学』世界思想社

大村英昭編〔2000〕『臨床社会学を学ぶ人のために』世界思想社

大村英昭・野口裕二編〔2000〕『臨床社会学のすすめ』有斐閣

3. 学校臨床社会学・学校臨床学・臨床教育学

20 世紀冒頭に，シカゴ学派の形成に側面から影響を与えたともいうべきデューイの代表作の一つは学校臨床社会学の源流に位置づくと考えられる。そして日本では，スクールカウンセリングの隆盛にも刺激されながら，1990 年代後半から 2000 年代にかけて臨床教育学や学校臨床学，学校臨床社会学が相次いで発信し始めたが，もとも

と臨床的な視点を内包していた実際的な学校教育研究が改めてその姿勢を自覚し直したものとも言える。また，スクールカウンセリングの限界を乗り越えるために，2000年代から全国で本格的な取り組みが始まっているスクールソーシャルワークとの協働に着目することも学校臨床社会学の課題の一つである。

Dewey, J.〔1900〕〔1915, 1990〕*The School and Society*, The University of Chicago Press.（宮原誠一訳『学校と社会』岩波文庫，1957年，市村尚久訳『学校と社会・子どもとカリキュラム』講談社学術文庫，1998年［Jackson, P. 編集による1990年版］）

門田光司〔2002〕『学校ソーシャルワーク入門』中央法規出版

苅谷剛彦・志水宏吉編著〔2003〕『学校臨床社会学』放送大学教育振興会

小林剛・皇紀夫・田中孝彦編〔2002〕『臨床教育学序説』柏書房

近藤邦夫・志水宏吉〔2002〕『学校臨床学への招待 — 教育現場への臨床的アプローチ』嵯峨野書院

日本学校ソーシャルワーク学会編〔2008〕『スクールソーシャルワーカー養成テキスト』中央法規出版

酒井朗編著〔2007〕『新訂　学校臨床社会学』放送大学教育振興会

酒井朗編著［2007］『進学支援の教育臨床社会学 — 商業高校におけるアクションリサーチ』勁草書房

新堀通也〔1996〕『教育病理への挑戦 — 臨床教育学入門』教育開発研究所

4. 〔学校〕臨床社会学の方法と倫理

〔学校〕臨床社会学の諸研究は「臨床」のレベルの違いから多様なスタイルを取るが，調査研究上の「倫理」問題が他の実証的社会学研究以上に問われてくる。とりわけ介入的な研究ではその実践的調査過程そのものを対象化して検討することが重要である。

今津孝次郎・樋田大二郎編〔1997〕『教育言説をどう読むか — 教育を語ることばのしくみとはたらき』新曜社

今津孝次郎・樋田大二郎編〔2010〕『続・教育言説をどう読むか — 教育を語ることばから教育を問いなおす』新曜社

Lazarsfeld, P. F. & Reitz, J. G.〔1975〕*An Introduction to Applied Sociology*, Elsevier Scientific Publishing.（斎藤吉雄監訳『応用社会学 — 調査研究と政策実践』恒星社厚生閣，1989年）

May, T.〔2001〕*Social Research: Issues, Methods and Process*, 3rd ed., Open University Press.（中野正大監訳『社会調査の考え方 — 論点と方法』世界思想社，2005年）

Merriam, S. B.〔1998〕*Qualitative Research and Case Study Application in Education*, Revised & Expanded ed., John Wiley & Sons.（堀薫夫・久保真人・成島美弥訳

『質的調査法入門 ― 教育における調査法とケース・スタディ』ミネルヴァ書房，2004 年）
宮本常一〔1986〕『旅に学ぶ』〔宮本常一著作集 31〕未来社
無藤　隆〔2007〕『現場と学問のふれあうところ ― 教育実践の現場から立ち上がる心理学』新曜社
Payne, G. & Payne, J.〔2004〕*Key Concepts in Social Research*, Sage Publications.（高坂健次・他訳『ソーシャルリサーチ』新曜社，2008 年）
Pitcher, G. D. & Poland, S.〔1992〕*Crisis Intervention in the Schools*, The Guilford Press.（上地安昭・中野真寿美訳『学校の危機介入』金剛出版，2000 年）
佐藤郁哉〔2002〕『フィールドワークの技法 ― 問いを育てる，仮説をきたえる』新曜社
Schön, D. A.〔1983〕*The Reflective Practitioner: How Professionals Think in Action*, Basic Books.（柳沢昌一・三輪建二監訳『省察的実践とは何か ― プロフェッショナルの行為と思考』鳳書房，2007 年）
盛山和夫〔2004〕『社会調査入門』有斐閣

5. 学校組織と学校改善・改革

これまで教育実践記録としてたくさん出版されてきた学校改善・改革の取り組みは，学校の組織文化・組織学習・組織開発の観点から改めて捉え直して記述し分析することが学校臨床社会学の重要な課題の一つである。

Deal, T. E. & Peterson, K. D.〔1999〕*Shaping School Culture: The Heart of Leadership*, Jossey-Bass Inc. Publishers.（中留武昭・加治佐哲也・八尾坂修訳『学校文化を創るスクールリーダー ― 学校改善をめざして』風間書房，2002 年）
今津孝次郎〔1996〕『変動社会の教師教育』名古屋大学出版会
川上敬二〔1983〕『校内暴力の克服』民衆社
久保島信保〔1975〕『ぼくたちの学校革命 ― 山梨県巨摩中学校の記録』中公新書
大瀬敏昭（著者代表）・佐藤学（監修）〔2000〕『学校を創る ― 茅ヶ崎市浜之郷小学校の誕生と実践』小学館
大瀬敏昭（著者代表）・佐藤学（監修）〔2003〕『学校を変える ― 浜之郷小学校の 5 年間』小学館
佐藤雅彰・佐藤学編著〔2003〕『公立中学校の挑戦 ― 授業を変える学校が変わる・富士市立岳陽中学校の実践』ぎょうせい
Schein, E. H.〔1985〕*Organizational Culture and Leadership*, Jossey-Bass.（清水紀彦・浜田幸雄訳『組織文化とリーダーシップ』ダイヤモンド社，1989 年）

6. 多文化共生と外国人児童生徒教育

1990 年代以降，多文化共生や外国人児童生徒教育に関して膨大な量の著作が発表されてきた。日本の学校がこの間にまったく新たに経験する事態は，学校文化と学校

組織文化の刷新を要請しており，学校臨床社会学にとって大きな課題の一つである。

天野正治・村田翼夫編著〔2001〕『多文化共生社会の教育』玉川大学出版部
Banks, J.〔1999〕*An Introduction to Multicultural Education*, second ed., Allyn & Bacon.（平沢安政訳『入門　多文化教育 ― 新しい時代の学校づくり』明石書店，1999 年〔原書第 2 版訳〕）
バトラー後藤裕子〔2011〕『学習言語とは何か ― 教科学習に必要な言語能力』三省堂
加藤幸次（監修）愛知県東浦町立石浜西小学校編著〔2009〕『子ども・保護者・地域を変える多文化共生の学校を創る』黎明書房
児島　明〔2006〕『ニューカマーの子どもと学校文化 ― 日系ブラジル人生徒の教育エスノグラフィー』勁草書房
馬渕　仁編著〔2011〕『「多文化共生」は可能か ― 教育における挑戦』勁草書房
宮島　喬・太田晴雄編〔2005〕『外国人の子どもと日本の教育 ― 不就学問題と多文化共生の課題』東京大学出版会
中野秀一郎・今津孝次郎編〔1993〕『エスニシティの社会学 ― 日本社会の民族的構成』世界思想社
志水宏吉・清水睦美編著〔2001〕『ニューカマーと教育 ― 学校文化とエスニシティの葛藤をめぐって』明石書店
清水睦美〔2006〕『ニューカマーの子どもたち ― 学校と家族の間の日常世界』勁草書房
渡戸一郎・井沢泰樹編著〔2010〕『他民族化社会・日本 ―〈多文化共生〉の社会的リアリティを問い直す』明石書店

7. いじめ問題の解明と未然防止

いじめ問題に関する従来の議論の多くは〈認知〉〈価値判断〉〈行動〉という三つの次元が錯綜し続けて 30 年余りにわたって空回りしていただけに，三つの次元を丁寧に整理しつつ，いじめ行動がエスカレートしないように未然防止に向けたスクールポリシーを樹立することが各学校に要請されている。

Great Britain. Department for Education〔1994〕*Bullying: Don't suffer in silence: An anti bullying pack for schools.*（池弘子・香川知晶訳『いじめ，ひとりで苦しまないで ― 学校のためのいじめ防止マニュアル』東信堂，1996 年）
今津孝次郎〔2007〕『増補　いじめ問題の発生・展開と今後の課題 ― 25 年を総括する』黎明書房
金賛汀〔1980〕『ぼく，もう我慢できないよ ― ある「いじめられっ子」の自殺』（正・続）一光社，（再編集版・講談社文庫，1989 年）
森田洋司〔2010〕『いじめとは何か』中公新書
森田洋司監修・監訳〔1998〕『世界のいじめ ― 各国の現状と取り組み』金子書房

8. 子どもとケータイ

2000年代に入ってから「子どもとケータイ」が大きな社会問題となったが，新たなケータイ・メディアが青少年に与える危険性というミクロな視点からの議論がほとんどなので，もっと根本的なコミュニケーション形態や世代間の文化伝達というマクロな視座をもつことが必要である。

藤川大祐〔2008〕『ケータイ世界の子どもたち』講談社現代新書

加納寛子・加藤良平〔2008〕『ケータイ不安』NHK出版

Mead, M.〔1978〕*Culture and Commitment*, revised and updated ed., Doubleday.（大田和子訳『地球時代の文化論』東京大学出版会，1981年）

尾木直樹〔2008〕『「ケータイ時代」を生きるきみへ』岩波ジュニア新書

岡田朋之・松田美佐編〔2002〕『ケータイ学入門 ― メディア・コミュニケーションから読み解く現代社会』有斐閣